CÓMO DISCUTIR CON UN GATO

JAY HEINRICHS

Ilustraciones de Natalie Palmer-Sutton

CÓMO DISCUTIR CON UN GATO

Una guía de persuasión pensada para humanos

 **books4pocket**

Argentina – Chile – Colombia – España
Estados Unidos – México – Perú – Uruguay

Título original: *How to Argue with a Cat – A Human´s Guide to the Art of Persuasion*
Editor original: Penguin Books – Penguin Random House UK, Londres
Traducción: Pablo Hermida Lazcano

1.ª edición en **books4pocket** Junio 2022

Copyright © 2018 by Jay Heinrichs
Illustrations copyright © Natalie Palmer-Sutton
All Rights Reserved
© 2018 de la traducción *by* Pablo Hermida Lazcano
© 2018 *by* Ediciones Urano, S.A.U.
Plaza de los Reyes Magos 8, piso 1.º C y D – 28007 Madrid
www.edicionesurano.com
www.books4pocket.com

ISBN: 978-84-16622-83-2
E-ISBN: 978-84-17312-01-5
Depósito legal: B-7.433-2022

Fotocomposición: Ediciones Urano, S.A.U..

Impreso por Novoprint, S.A. – Energía 53 – Sant Andreu de la Barca (Barcelona)

Impreso en España – *Printed in Spain*

Para Charlie, Maturin y Killick,
y en memoria de los queridos Aubrey y Percy

«Querido gato, tus orejas están dobladas del revés, por lo que sé que no estás escuchando una palabra que no estoy diciendo.»

JAROD KINTZ

Índice

Introducción

«Son exactamente como nosotros menos nuestras
inútiles facultades mentales y pulgares.»

BOB TARTE

Cuando me pidieron una guía para principiantes sobre el arte de la persuasión, pensé: *gatos*. Luego pensé: *terrible idea*. Persuadir a las personas es difícil. ¿Persuadir a los gatos? Muchísimo más difícil, pues los gatos figuran entre los mejores negociadores del mundo. Son maestros en el oscuro arte de la persuasión.

Siendo yo mismo un amante de los gatos, cuento con la experiencia personal de discutir con ellos. Aunque he escrito un superventas sobre persuasión, aún sigo perdiendo la mayoría de mis discusiones con mis dos gatos, *Maturin* y *Killick*.

Entonces ocurrió algo que me hizo cambiar de opinión. Estaba dirigiendo un taller sobre persuasión en una agencia publicitaria de Londres. Durante una pausa para consultar mis correos electrónicos, pedí prestado el despacho de la directora artística, Natalie Palmer-Sutton. Sus paredes estaban cubiertas con arte gatuno. Los cuadros parecían como si Natalie hubiera atravesado las hermosas caras de sus gatos y hubiera penetrado en sus intrincadas almas. Si ella era capaz de hacerlo, pensé, yo también podía aceptar el desafío. Quizá pudiese desvelar sus ingeniosos trucos para cautivar y convencer. El esfuerzo merecería la pena. Si pudiésemos aprender a persuadir a un gato, entonces cualquier humano —un amigo, un ser querido, un jefe, ¡incluso un adolescente, por el amor de Dios!— se rendiría ante nuestra magia.

Le imploré a Natalie que trabajásemos en equipo. Trataríamos de hacer reír a la gente mientras le enseñábamos los mejores secretos para persuadir a alguien. Incluidos los gatos. Este libro es el resultado.

«Espera —dice una persona que no tiene gatos—. *Los gatos no hablan.*»

Claro que hablan. Ronronean. Maúllan. Conocemos uno que emite gruñidos de felicidad cuando come. Cierto es que la mitad de las veces no sabemos exactamente de qué hablan los gatos. Pero ¿de quién es la culpa? Además, la mitad de las veces tampoco sabemos de qué están hablando los *humanos*. Tanto los gatos como las personas dicen tonterías con frecuencia. Ambos se comportan a menudo de forma ilógica. Pero, si conocemos unos cuantos trucos, podremos llevarnos bien hasta con el más terco e insensato de los gatos o de los humanos.

Esta es la teoría que subyace a la retórica, el arte de la persuasión. Inventada hace casi tres mil años por los ingeniosos griegos, la retórica fue estudiada por lumbreras de la talla del filósofo Aristóteles. Este escribió el libro clásico sobre el tema, una vez concluidos sus célebres tratados de lógica. Aristóteles se percató de que, si bien la lógica es excelente y noble, y una manera magnífica de hacer que un amigo parezca un idiota babeante, en la mayor parte de los casos un argumento perfectamente lógico no logra persuadir. Aristóteles y los retóricos que le sucedieron descubrieron que otros factores se revelan más eficaces a la hora de convencer a las personas, a saber: nuestras emociones, nuestras identidades y la gente con la que andamos. Este libro, basado en muchos años dedicados al estudio de la retórica —y a la observación de los gatos, esos maestros del arte—, te enseñará a servirte de estos factores para convencer a los humanos (y a los gatos).

Ten presente que los gatos no son tan inocentones como nosotros. Al ser más cautos y escépticos, tienden a ser más sabios que los humanos, especialmente en lo que atañe a las relaciones entre ambas especies. No obstante, los gatos no son más lógicos que los humanos. Los mismos trucos retóricos pueden funcionar con ambos. Aprender a discutir con los gatos no solo mejorará tus relaciones con los gatos, sino que te ayudará asimismo a llevarte bien con los humanos.

Las técnicas persuasivas de los gatos podrán protegerte también contra los trucos que emplean contigo los vendedores, los políticos y los marrulleros de todo pelaje. Al igual que estas personas, los gatos son diestros manipuladores capaces de convencerte de casi cualquier cosa sin apenas mediar palabra. Pueden conseguir que dejes lo que tengas entre manos para jugar con ellos. Pueden lograr que les sirvas la comida mucho antes de la hora. Pueden hacer que te sientes en este preciso momento y les ofrezcas un regazo.

Otra cosa es tratar de que un gato haga lo que *tú* quieras.

Aunque resulta difícil, es posible convencer a un gato. Y, después de eso, convencer a los humanos es pan comido. Solo necesitas aprender las destrezas persuasivas de este libro. Te enseñaremos a:

- Mantener una conversación inteligente, una de las pocas cosas que resulta más fácil hacer con un gato que con un humano.
- Discutir lógicamente, aunque tu oponente sea peludo e irracional.
- Detectar una falacia (la bola de pelo de la lógica).
- Hablar con el cuerpo. (Esto se les da muy bien a los gatos.)
- Dominar el decoro, el arte de encajar con los gatos, los capitalistas de riesgo o los humanos.
- Aprender de los depredadores a aguardar el momento oportuno para saltar.
- Conseguir que alguien haga algo o deje de hacerlo.
- Granjearte el respeto y la lealtad de cualquier criatura.

Las herramientas para lograr estas proezas provienen de Aristóteles y de los demás maestros en el arte de la persuasión. Confiamos en que este libro facilite la práctica de este arte. Las herramientas que contiene son simples, por más que los gatos no lo sean. Una vez que las manejes con soltura, podrías plantearte la posibilidad de aprender más sobre la retórica en *¡Gracias por discutir!*

Mientras tanto, relájate. Una discusión no tiene por qué llevar a escupir ni a arañar. Recuerda que un regazo agradable permite llegar lejos. Y, como muestra el capítulo siguiente, el primer paso para resolver una discrepancia consiste simplemente en ser agradable y conciliador.

JAY HEINRICHS

En caso de duda, mantén una cara impasible.

Los gatos raramente cambian de expresión.
Esa es una de las razones por las que parecen
tan dignos. Eso les ayuda también a ocultar
sus ardides.

1.

Practica la actitud conciliadora: el ronroneo genial

Convierte un desacuerdo en una hermosa relación

«Errar es humano, ronronear es felino.»

ROBERT BYRNE

Lo primero que saben todos los gatos, y que tú también deberías saber, es que una discusión no es una pelea. En una pelea, tratas de *vencer*. Quieres dominar a la otra persona y hacer que reconozca su derrota. El perdedor en una pelea nunca está muy contento de haber perdido.

En una discusión, tratas de *convencer* a la otra criatura. Consigues que tu oponente acepte una solución o tome una decisión. Aunque tanto la pelea como la discusión parten de un desacuerdo, solo la discusión puede dejar satisfechas a las dos partes. ¿Cómo? Alcanzando un acuerdo que beneficie a ambas. En la mejor clase de discusión, ambos lados creen haber salido ganando.

El gato conoce la diferencia por instinto. Cuando te hinca los dientes, tiene intención de pelear. Tal vez esté jugando a pelear, pero se trata de una pelea en cualquier caso.

No está interesado en una útil conversación. Su objetivo es vencer en la pelea.

Otro tanto sucede cuando un niño le hinca los dientes a su hermana. Probablemente no esté jugando a pelear. Es probable que esté enfadado. No obstante, su objetivo es el mismo que el del gato. Quiere vencer a su hermana en una pelea.

La mayoría de los adultos no se muerden. No mucho, en cualquier caso. En lugar de eso, luchan tratando de marcarse tantos mutuamente. A menudo tratan un desacuerdo como una suerte de debate. Es como si creyeran que un jurado invisible mostrará al final sus tarjetas de puntuación, juzgando quién ha ganado más puntos en el debate.

O bien el adulto señalará que la discrepancia demuestra lo imbécil que es la otra persona. O señalará las estúpidas opiniones y errores pasados de su oponente. En cualquiera de los casos, no está discutiendo. Está peleando. Tratando de vencer. Desde el punto de vista de la persuasión, su comportamiento funciona tan bien como morder, aunque puede que resulte algo menos doloroso.

¿Existe entonces algún modo de convertir un desacuerdo en algo positivo? Sí. Discutiendo. Una discusión no consiste en dominar. Consiste en conseguir que otra persona tome la decisión o realice la acción que tú deseas.

El gato que muerde tiene intención de pelear. Pero el gato que te araña suavemente la pierna está exponiendo un argumento: *préstame atención. Quiero comida/jugar/cariño/acceder a lugares elevados.* (Todo gato ha sido un mono en su vida pasada.)

Al arañar tu pierna, ofrece el inicio perfecto para un diálogo inteligente, en el que podéis intercambiar puntos de vista y alcanzar una conclusión mutuamente satisfactoria.

Jay: ¿Quieres subirte al estante más alto? ¿Ese del
que nunca puedes bajarte?
Killick: [*Araña un poco más insistentemente.*]
Jay: ¿Qué te parece mi hombro? [*Coge al gato.*]
Killick: [*Mantiene un equilibrio precario sobre el hombro de
Jay, mirando significativamente al estante más alto.*]
Jay: Ya sé lo que vamos a hacer. Vamos a observar
por la ventana el comedero de pájaros y a imaginarnos que nos comemos los gorriones.
Killick: [*Dirige a Jay hacia la ventana.*]

Esta es la discusión perfecta. *Killick* disfruta de su elevada posición estratégica y Jay tiene una excusa para saltarse una tarea. Una discusión empieza con una discrepancia y termina con una decisión asumible por ambas partes.

La pelea, por su parte, suele ir acompañada de la ira. Aunque una discusión también puede partir del enfado de alguien, su objetivo primordial es solucionar algo. Tomar una decisión en común.

Jay: ¿Quién ha tirado la lámpara?
Killick: [*Mira pensativamente a lo lejos.*]
Jay: ¿No has sido tú? ¿De veras? ¿Crees que tu costumbre de saltar encima de las mesas puede haber
tenido algo que ver?
Killick: [*Se sienta en un rincón neutral.*]

Jay: Así que, si pongo una lámpara más grande, no quedará espacio en la mesa para ti.

Killick: [*Se lame, perfectamente satisfecho con el resultado.*]

Los humanos tendemos a ponernos a la defensiva en momentos como este, declarándonos inocentes en lugar de resolver el problema.

Jay: ¿Quién ha tirado la lámpara?

Hijo: ¡Yo no he sido!

Hemos de aprender de los gatos. Airea tus discrepancias con el fin de hallar soluciones.

Una forma de aplacar la ira es proponer una elección. Aristóteles designaba esta clase de conversación como **discusión deliberativa**. La deliberación tiene que ver con las elecciones. Lo importante a la hora de presentar estas opciones es que tienes que mostrar cómo benefician a tu audiencia. (Aristóteles denominaba esta herramienta lo **ventajoso**. Funciona de maravilla con los humanos, pero no es necesaria con los gatos. Estos ya saben lo que les conviene.)

Supongamos que quieres ir a un concierto el sábado. Tu pareja no quiere. Parece cansado. En vez de decir: «¡Venga, no salimos muy a menudo!», trata de ofrecer una elección.

Tú: Pensaba que te encantaría la idea del concierto. Es el único tipo de música en el que coincidimos. Pero si estás demasiado cansado para sa-

lir, podemos invitar a los Smith. Son muy tranquilos.

Pareja: ¿Tranquilos? Querrás decir aburridos.

Tú: Tienes razón. Demasiado aburridos. Voy a comprar las entradas para el concierto.

Una vez más, tal vez esto no funcione y necesites dominar las otras herramientas de este libro. Pero la estrategia de
lo ventajoso suena mucho menos quejumbrosa que la discusión habitual.

Ahora bien, ¿qué sucede con *Killick*, nuestro gato tira-
lámparas? Puede que Jay tenga que decidir por sí mismo.
(En realidad, eso viene a ser lo que has hecho con el concierto. Después de todo, los gatos y las parejas no son tan
diferentes.) Jay puede desplazar la mesa a donde nunca llegue la luz del sol. O puede comprar una lámpara más grande. O bien podría intentar que *Killick* prometiese no volver
a tirar la lámpara.

Esa última opción probablemente no funcione. Un humano puede hacer una promesa semejante sin estar seguro
de que es capaz de cumplirla. Pero el gato se las sabe todas.

De acuerdo, pero ¿qué ocurre si tu oponente continúa
mordiéndote la pierna? O, si no es de los que muerden,
¿qué sucede si te dice simplemente que estás equivocado
y que eres un perfecto imbécil? En otras palabras, ¿qué
pasa si quieres discutir con un adversario que solo busca
pelea? He aquí varias herramientas que puedes utilizar
para tener la fiesta en paz y convertir una pelea en una
discusión.

1. Sé agradable y conciliador

He aquí una de las muchas formas en las que los gatos son más sabios que las personas: cuando dos humanos discrepan, ambos suelen tratar de que el otro admita que está equivocado. Por su parte, cuando un gato discrepa de un humano, casi siempre intenta conseguir lo que desea. Los gatos también entienden que una de las mejores maneras de convencer a las personas consiste en ser agradables y conciliadores. Los humanos pueden adquirir esta destreza. El agrado y la actitud conciliadora pueden reportarnos relaciones más felices, carreras más exitosas y una vida más persuasiva.

Aunque discrepes de alguien o tu oponente te ataque personalmente, asiente con la cabeza y escucha. No te enfades. Y no rechaces ninguno de sus planteamientos. ¡Alto el fuego!

A menudo vemos actuar a los gatos de manera agradable y conciliadora.

Natalie: ¡No me puedo creer que hayas hecho la siesta sobre mi vestido nuevo!

Charlie: [*Mira a Natalie y escucha amablemente.*]

Natalie: ¡Tardaré siglos en quitar todos los pelos! ¡Y tengo una cena dentro de media hora!

Charlie: [*Parpadea.*]

Natalie: ¿Qué voy a hacer contigo?

Charlie: [*Parpadea lentamente, pasando por alto la estupidez de la pregunta de Natalie.*]

Natalie: En fin, quizá pueda usar un rodillo quitapelos.

Charlie: [*Se estira. Problema solucionado.*]

2. Di «Sí, y…»

Si has ido alguna vez a clases de improvisación, conocerás este método. Trabajas en equipo con otros comediantes. Cuando alguien dice algo, no lo rebates. En lugar de ello, le añades otra cosa, desarrollando lo que ha dicho la otra persona. Lo haces diciendo «Sí, y…» Esta es una de esas pocas cosas que los humanos hacemos mejor que los gatos.

Por supuesto, los gatos no necesitan decir «Sí, y…». En lugar de ello, tienen una cola expresiva. Un suave golpecito o meneo desarmará al oponente humano medio.

Como nosotros no tenemos cola, tenemos que practicar otros métodos, como la improvisación, para desarmar a nuestros oponentes humanos.

Director: He visto el tema de baile que propones para la fiesta de la oficina y creo que tenemos que ir en otra dirección. En lugar de «Choque de puños» (¿qué clase de tema es «Choque de puños»?), creo que el tema del baile debería ser «Bajo el mar». A todo el mundo le encantó *La sirenita*.

Tú: «Bajo el mar». Claro, un tema acuático. Podemos llamarlo «Choque de aletas».

Director: ¿Cómo? ¿Qué es un choque de aletas?

Tú: Es verdad, buena pregunta. Es mejor llamarlo simplemente «Choque de puños».

Aunque puede que esto no funcione, al menos habrás confundido un rato a tu jefe, lo cual es siempre una satisfacción. Un gato puede hacerlo simplemente clavándote la mirada o estirándose contra tu pierna. Esto hará que te preguntes si ha captado de veras tu mensaje o si tiene su propio mensaje misterioso.

3. Dale coba a tu adversario

El gato puede rebajar la tensión lamiendo a su adversario. En la mayoría de los casos, los humanos probablemente no deberían hacerlo. Lamer a una persona enojada probablemente no la tranquilice. Pero una pequeña dosis de adulación podría funcionar.

> Padre: Quiero saber quién se ha comido las galletas que quedaban.
> Adolescente: Bueno… ¡Caramba!
> Padre: ¿Qué ibas a decir?
> Adolescente: Perdona, me había distraído mirando tus zapatos. ¡La verdad es que molan mogollón!
> Padre: ¡No estamos hablando de mis zapatos! Estamos hablando de mis ga… de la familia… ¡Ya sabes a qué me refiero!

Puede que el adolescente siga estando en apuros. Y puede que el padre cale sus lisonjas. Pero papá también lustrará sus zapatos esta noche pensando que, después de todo, quizá su hijo no sea tan malo. Aunque no debería haberse comido esas galletas.

Siempre eres bienvenido.

El secreto gatuno del agrado: paséate como
si el mundo te adorase. El mundo entero
se convierte en tu regazo. Túmbate en él.

2.

Salta como un depredador: el arte del acecho

Descubre el secreto del momento oportuno para la persuasión

«¿Predicaba San Francisco a las aves?
¿Para qué? ¿Si de veras le gustaban las aves,
más le habría valido predicar a los gatos.»

REBECCA WEST

¿Qué tiene que ver la espera con la argumentación? Mucho. Con demasiada frecuencia, en una disputa andamos a la caza de argumentos como perros tontos. Nos tropezamos unos con otros, ladrando y poniéndonos furiosos. Nos mordemos unos a otros sin precisar ningún argumento. Nos atacamos mutuamente, perdemos el rumbo y parecemos unos perfectos idiotas.

En lugar de ello, deberíamos discutir como los auténticos depredadores, como los gatos.

Esto requerirá algo de trabajo y de paciencia, porque los humanos carecemos de una característica física importante. A diferencia de los gatos, tenemos ojos que ven por todas partes. Nuestra visión periférica nos distrae constantemente. Ríete todo lo que quieras de esos vídeos que muestran cabezas de gatos moviéndose de arriba abajo al unísono. Están actuando como depredadores. Un depredador sigue el rastro de su presa con todo el cuerpo. Los gatos son como los policías que miran donde apunta su pistola, dirigiendo sus cuerpos en la misma dirección que sus armas.

Recuerda esto y entenderás algo importante con respecto a la argumentación: *todo lo que ve un gato le parece un blanco.*

En una discusión —con un humano o un gato— necesitamos practicar el mismo enfoque tipo láser. Ante un desacuerdo, establece un objetivo. Decide cuál es tu objetivo, qué te propones alcanzar.

La retórica enseña tres objetivos básicos de la persuasión. Van desde lo fácil hasta lo difícil.

1. Cambia el estado de ánimo

Este es el objetivo más fácil de alcanzar. Si tu oponente está un poco malhumorado, entonces una canción favorita, una copa de vino o una dosis generosa de menta gatuna resultarán eficaces a menudo. Si tu oponente está enfadado, tal vez baste con que esperes hasta que se le pase el enfado. O puedes mostrar comprensión, decir que lamentas lo sucedido y ofrecer una solución al problema. Con un gato, normalmente puedes ahorrarte las disculpas y pasar directamente a solucionar el problema. Ello se debe a que los gatos son más sensatos. Si un gato encuentra un extraño en su caja de arena, enseguida se tranquiliza si eliminas al intruso. (Ese segundo gato podría ofenderse al ser expulsado mientras hace sus necesidades, pero ese es otro problema.)

Consideraremos otras formas de manejar las emociones en un capítulo posterior. Mientras tanto, ten presente que cambiar el estado de ánimo de la audiencia puede ser un objetivo importante de una argumentación. No trates de ganar nada. No pretendas dominar a tu oponente ni demostrar que eres el mejor; limítate a hacer que tu adversario se sienta sereno y feliz.

Pero supongamos que quieres sacar algo más de la discusión. Supongamos que quieres que tu adversario cambie de opinión sobre algún asunto. Sigue siendo conveniente influir primero en su estado de ánimo. Ahora estás preparado para el segundo objetivo.

2. Hazle cambiar de opinión

Esto resulta mucho más difícil que modificar su estado de ánimo. Es bastante fácil alegrar a una abuela gruñona. ¿Conseguir que cambie su opinión sobre el hip hop? Es probablemente mucho más difícil. Lograr que alguien se ilusione con unas elecciones: es bastante posible. Lograr que cambie de opinión y vote a tu candidato favorito: es mucho más difícil.

Naturalmente, lo mismo sucede con los gatos. Trata de convencer a un gato que ha crecido sin perros de que los perros son el mejor amigo del hombre. Ahora trata de convencer al mismo gato de que debería hacerse amigo de un perro.

Sí, es posible. Pero probablemente no logres ese objetivo en una sola discusión. En este libro encontrarás una serie de herramientas que te ayudarán a hacer que alguien cambie de parecer. Eso sí, se requiere práctica.

Pero existe un objetivo más difícil todavía.

3. Cambia su disposición a hacer algo

Puedes conseguir que tu apático hermano mayor se ilusione con las elecciones. Quizá logres que cambie de opinión sobre un candidato. Ahora intenta que acuda a las urnas el día de las elecciones y vote realmente a ese candidato. Si lo consigues, habrás ganado el gran premio de la persuasión. Has convencido a alguien para que lleve a cabo una acción.

Lograr que alguien *deje* de hacer algo puede ser igual de difícil. La mayoría de los gatos esperan razonablemente que la encimera de la cocina forme parte de su territorio. Un pollo asado enfriándose sobre esa encimera se encuentra dentro del territorio del gato. Por consiguiente, es razonable asumir que el pollo está ahí para el gato. (Y posiblemente también para los humanos, si el gato se siente generoso.) Puedes entender por qué cuesta impedir que un gato salte sobre la encimera. Especialmente si insistes en dejar el pollo encima.

En primer lugar, tienes que modificar el estado anímico del gato. Podrías convencerle de que no tiene hambre, por ejemplo obsequiándole con algo especial. O podrías infundirle miedo a la encimera, una forma de persuasión rudimentaria y desagradable que no recomendamos. O podrías meter el pollo en la nevera y apresurarte a traerle su juguete favorito. No todos los gatos son tan fáciles de distraer, pero quizás el tuyo sí que lo es.

A continuación has de lograr que el gato cambie de opinión. Haz que decida que no le gusta el pollo. Buena suerte en esta empresa. Tal vez podrías cubrir el pollo con algo desagradable (¿mantequilla de cacahuete?), pero eso podría cambiar tu propia opinión sobre la idea de comer pollo.

A veces puedes intentar influir directamente en la acción. Con el fin de que alguien acuda a votar, puedes llevarle hasta el colegio electoral y confiar en que suceda lo mejor. Para lograr que un gato deje de subirse a la encimera, puedes cogerlo y bajarlo suavemente al suelo. Una y otra vez.

Nadie ha dicho que la persuasión sea siempre una tarea fácil.

Pero ninguno de estos tres objetivos —estado de ánimo, opinión, acción— tiene que ver con la victoria. Ninguno de estos objetivos te lleva a distraerte marcando tantos, señalando falacias lógicas o haciendo que tu adversario parezca un idiota. Antes bien, te concentras en tu blanco —una vez más el estado de ánimo, la opinión o la acción— y subordinas todo a este. Estás discutiendo como un depredador.

Ahora ya sabes cómo establecer tu objetivo. No vas a ganar una discusión por puntos. No vas a tratar de inmovilizar a tu rival (a menos que estés jugando a pelear y tus uñas estén retraídas). Antes de llegar a la auténtica discusión, necesitas otra destreza de depredador: la elección del momento oportuno.

El secreto de la persuasión no difiere del secreto de la comedia. Consiste en aguardar al momento oportuno. Y la elección del momento oportuno en la persuasión requiere una dosis extra de paciencia. Una vez fijada tu meta, la persuasión efectiva depende de tu capacidad de esperar el momento apropiado.

Atrapa al tipo calvo

En retórica, este arte de esperar el momento perfecto se denomina **kairos**. Alguien diestro en el *kairos*, como un gato, no solo sabe esperar. También reconoce exactamente el momento oportuno para actuar, para aprovechar la ocasión, sin dejar de sentarse en ningún regazo temporal y sin dejar de cazar ningún bicho.

La persuasión depende en buena medida del *kairos*. Alguien que no esté preparado para ser persuadido no lo estará hasta que su estado anímico varíe. Por ejemplo, jamás pidas a alguien que te prepare la cena mientras está limpiando un váter. (Solo los gatos y los perros son capaces de conservar su apetito alrededor de los inodoros.) Nunca pidas un favor a alguien cuando esté enfadado. Y nunca jamás, bajo ninguna circunstancia, digas «Tranquilízate». Arruinarías cualquier oportunidad.

Practica la elección del momento oportuno en cualquier reunión de trabajo siendo el último en intervenir. Espera hasta que quieran oírte.

Cuando participes en una discusión cara a cara, asiente con la cabeza y di algo del estilo de «Ya veo lo que estás diciendo». Repite esas palabras y luego di lo que te gusta de lo que acabas de oír. Solo entonces expresa tus discrepancias.

En la discusión sobre política durante la comida, la hermana debería aparentar neutralidad hasta que el hermano cierre la boca por fin. Si este no muestra signo alguno de parar, debería interrumpirle diciendo: «Eso tiene mucho sentido, pero permíteme asegurarme de que te estoy entendiendo». Entonces, cuando ya está preparada, plantea la otra posición.

(Por cierto, nos estamos refiriendo aquí al momento oportuno en las discusiones humanas. Al discutir con un gato, no esperes a que el gato acabe de hablar. Probablemente sea lo bastante listo como para no hablar en absoluto. En una discusión con un gato, espera hasta que este quiera algo. Entonces intenta negociar. Esto funciona también con los niños.)

Las tres palabras esenciales en la discusión:
aguarda el momento.

Espera hasta que estés preparado o hasta que lo esté tu audiencia, o hasta que tu adversario se haya explayado, o hasta que tu pareja esté de humor, o hasta que tu gato necesite algo.

Los romanos consideraban tan importante el arte de la ocasión que crearon un dios llamado Occasio. (De ahí deriva nuestra palabra «ocasión».) Joven y veloz, con cuerpo de corredor, Occasio tenía un problema de caída de cabello. Aunque tenía el pelo rizado sobre la frente, era calvo como un melón por detrás. La razón es que la oportunidad envejece rápidamente. Tienes que agarrar la ocasión por los pelos antes de que pase, como harías con un ratón.

Pero, antes de saltar, has de acechar.

El meneo y el movimiento de arriba abajo

En general, los humanos adultos son incompetentes en lo que atañe al juego. En general, esto les resulta terriblemente frustrante a los gatos. El humano pierde el tiempo preparando su cena básicamente incomible y hablando del trabajo antes de decidirse por fin —¡por fin!— a sacar la cuerda con el ratón en el extremo. ¡Excelente! El gato caza felizmente el ratón, se abalanza sobre él, lo golpea y lo sigue por todas partes durante cinco minutos largos. Este es el calentamiento. Humanos, escuchad, por favor: *la caza es solo el calentamiento*. A continuación empieza el juego serio: calmarse para observar cómodamente al ratón. ¿Y qué hace el humano? ¡Se zampa el ratón!

¡Calma, amigos! Observar un juguete *es* jugar. Es la mejor parte. El gato que observa un juguete no está aburrido ni cansado. Sencillamente ha ingresado en la segunda fase del entretenimiento, como el segundo tiempo de ese deporte tan poco gatuno llamado fútbol. Un humano cooperativo e inteligente seguirá tirando de la cuerda de acá para allá. Tras un largo período de observación, el gato recoge las patas traseras, menea el trasero y mueve la cabeza de arriba abajo, apuntando bien a su presa. ¿Necesita saltar? ¡No! El meneo y el movimiento de arriba abajo son suficientes. Son sumamente divertidos en sí mismos y forman parte de la experiencia de ser un depredador saludable. Para el gato, el acecho es la mitad del salto. Repitámoslo:

El acecho es la mitad del salto.

Tal vez más de la mitad; en realidad nadie lo sabe, pues los gatos no se molestan en explicar el proceso.

Lo esencial es que casi todos los gatos comprenden el poder y el placer del *kairos*, de escoger justamente la ocasión propicia para saltar. Ser un depredador es una cuestión de *kairos*. Si los gatos se hubieran pasado el primer millón de años de evolución arremetiendo contra sus presas como los perros, habrían tenido que formar jaurías como estos. Esto habría conllevado un montón de problemas y habría obligado a los gatos a andar con otros gatos, algunos de los cuales podrían no ser tan simpáticos.

En lugar de ello, los sabios gatos desarrollaron desde muy temprano el fino arte de la espera. Aprendieron a leer los patrones de los roedores y de las aves, a dejar que el alimento viniese a ellos. Algunos movimientos furtivos junto con un salto bien preparado completan la faena. ¡Zas! Listo. Misión cumplida con un mínimo de carreras ineficientes y a veces embarazosas. Ahora puedes echarte una siesta.

Espera tu oportunidad

A los humanos les falta un buen trecho para ponerse a la altura de esta clase de sabiduría. Los monjes y los yoguis se pasan décadas aprendiendo simplemente a permanecer quietos, e incluso entonces no atrapan nada que merezca la pena comer.

Ni vencen en muchas discusiones.

¿Qué tiene que ver la espera con la discusión? Mucho. Para discutir como un depredador, cálmate y ponte cómodo. Observa y escucha. Presta atención a tu presa, es decir, a tu adversario. Acto seguido recoge tus pensamientos, agita tu mente y consigue una buena perspectiva sobre el asunto. Cuando estés listo, salta.

Supón que participas en la reunión en la que estáis tratando de elegir un tema para la fiesta anual de la oficina. La gente se pelea por la propuesta que hace una mujer de un tema sobre la «paz en el mundo». Otra persona propone un tema irónico de los ochenta con las melenas de la época. Muchos ojos en blanco. Estás muy tentado a saltar, acallar esas penosas ideas y proponer tu propio concepto impresionante de un tema monocolor: rojo. Ni una palabra, ni un estúpido eslogan, solo rojo, aunque estarías dispuesto a aceptar el morado. Pero no dices nada. Escuchas y esperas hasta que llegue el momento oportuno. Los otros participantes hablan hasta quedarse sin palabras y se produce una pausa. Es el momento de saltar.

Tú: Rojo.
Todos los demás: ¿Qué?
Tú: Rojo. Simplemente rojo. El color. Sin palabras.

Tienes una oportunidad, una oportunidad auténtica de salirte con la tuya. En el mundo de los gatos, esto se llama «cazar». Para un gato, cazar significa esperar; el salto es solo el remate. La verdadera destreza consiste en ser paciente.

Utiliza el medio adecuado

Para los humanos, el *kairos* abarca dimensiones que van más allá de la elección del momento oportuno. Es también el arte de la *ocasión*, que incluye el lugar o el medio además del momento. El dormitorio es un lugar muy diferente de la cocina en lo que atañe a la persuasión. La hora de dormir es diferente de la hora de comer. Los correos electrónicos, los tuits, los susurros al oído, el código morse y los mensajes escritos en el cielo son medios diferentes. Cada lugar y cada medio influyen en la persuasión.

Cuando quieras convencer a alguien, elige la ocasión apropiada. Los gatos saben hacerlo. La clave no solo estriba en aguardar el momento oportuno para saltar; tanto el gato como el ratón han de estar en el sitio adecuado.

Supongamos que un hombre quiere quedar con una mujer para salir. Podría ofrecerse a recogerla a las cuatro de la mañana, pero probablemente sea una hora poco oportuna, a menos que a alguno de ambos le parezca un buen momento para pescar antes del amanecer. En lugar de ello, le ofrece recogerla a las siete de la tarde. Un momento más adecuado. Además, un viernes por la noche podría funcionar mejor que un lunes por la noche, pero también debería asegurarse de esto.

De acuerdo, el hombre ya ha organizado la cita en lo que al momento se refiere. Así pues, la lleva a su bar favorito, donde suelen reunirse todos sus compañeros de copas.

Ejem, *posiblemente* sea una buena ocasión. Pero, para una primera cita, quizá no tanto.

Así que, en lugar de eso, la lleva a un restaurante tranquilo. Luego planifica un paseo a la luz de la luna por la orilla de un lago cercano. Puede que a ella le guste. Pero incluso si esa es la clase de cosa que ella podría hacer en una primera cita, probablemente el hombre no debería proponérsela hasta bien avanzada la cena, cuando ella esté realmente interesada en él, y cuando él se haya asegurado de que a ella le gusta caminar y de que sus zapatos no la están matando. Llegado el momento idóneo, propone el paseo. Eso es el *kairos*. La espera y el salto, retóricamente hablando.

Y luego está el medio. Un mensaje de texto funciona de diferente manera que una publicación en Pinterest. Una serenata bajo una ventana producirá un efecto diferente al de una proposición con un megáfono.

En lo que atañe a esta clase de *kairos*, los chicos pueden ser bastante torpes. Tenemos un amigo que planeó proponerle matrimonio a su novia llevándola a escalar rocas. Iba a colocar el anillo en un pequeño saliente cerca de la cima de la ruta. Imagínate: sudorosa y aterrorizada, a doce metros por encima de su novio que está sujetando la cuerda, apoya su mano temblorosa en una roca, choca con algo suelto en el saliente y cae. Él sujeta con fuerza la cuerda y, mientras ella se columpia con los ojos fuertemente cerrados, él observa caer el anillo en la distancia y grita desesperado: «¿Quieres casarte conmigo?»

Afortunadamente le disuadimos de este plan. Le pidió la mano durante una cena y ella dijo que sí. Menos dramático pero más efectivo. La ocasión adecuada.

Adapta los medios a los sentidos

Los diferentes medios enfatizan aspectos diferentes de la persuasión.

Una *fotografía* es mejor para transmitir una impresión de tu carácter. Otro tanto sucede con un gato sentado en la ventana con una postura perfecta.

La *palabra escrita* es lo más eficaz en aras de la argumentación lógica. Las palabras que puedes ver en una página o en una pantalla son estupendas para organizar el pensamiento. Muy pocos gatos pueden escribir cosas, salvo huellas de garras en la cocina. Pero el caso es que los gatos rara vez emplean la argumentación lógica. Aunque la escritura es magnífica para la lógica, no es tan buena para conseguir que alguien te aprecie y confíe en ti. También es mala para expresar emociones. Por ejemplo, el humor en un texto o en un correo electrónico rara vez tiene éxito. Puede que resultara graciosísimo cuando lo escribiste, pero los lectores no pueden ver tu cara de ironía. (Tampoco los gatos ponen caras irónicas, razón por la cual tendemos a subestimar su sentido del humor.)

El *sonido de tu voz* puede granjearte o no el respeto de la gente. La audiencia tiende a confiar en una voz más profunda, sin demasiadas oscilaciones entre notas altas y bajas. Esto no significa que una mujer tenga que hablar con voz grave; intenta hablar más bien casi en un solo tono, con pausas para enfatizar. Puedes ver las películas de George Clooney como ejemplo de perfecta monotonía. Por su parte, la voz aguda puede impulsar a la gente a ayudarte. Instintivamente pensamos en un bebé. Los gatos lo saben de sobra. Cuando un gato quiere comida, habla como un bebé emitiendo un maullido agudo y adorable. Por otra parte, el gato que defiende su territorio recurre a un tono bajo y profundo, como George Clooney.

Los mejores sentidos para la emoción son el *tacto*, el *gusto* y el *olfato*. Un gato te dirá que el gusto y el olfato también funcionan de maravilla para forjar relaciones y probablemente esté en lo cierto. Para proponer matrimonio, deberías tener a la persona realmente cerca. No le envíes un mensaje de texto ni contrates una compañía de danza para que se ocupe de la tarea. No hagas un vídeo. Bésala o, si lo prefieres, muérdele suavemente la nuca. Mimaos mutuamente.

SABIDURÍA GATUNA

El gato que escucha atrapa al ratón.

El pájaro madrugador consigue su gusano.
El gato tranquilo y paciente come mejor.

3.

Apacigua la ira:
la discusión del inodoro

Serena los ánimos con una cosa llamada futuro

«La furia del gato es hermosa, arde con una pura
llama gatuna, todo su pelo se eriza y suelta chispas
azules, sus ojos resplandecen y centellean.»

WILLIAM S. BURROUGHS

Los gatos se enfadan como las personas y por los mismos
motivos. (Aunque, como la mayoría de los gatos no conducen coches, se enfadan con menos frecuencia.) Tanto los
gatos como las personas se enfadan cuando:

Les faltan al respeto.
Se sienten decepcionados.
Les mienten.
Les niegan una Cosa Buena. (Esto, para un gato, es
lo mismo que mentirle.)
Invaden su territorio.

A los gatos, como a las personas, no les gusta que se
rían de ellos cuando están enfadados. Y que no se te ocu-

rra decirle a un gato enfadado ni a una persona enfadada que se tranquilice. Decirle a alguien que se tranquilice implica que su ira es culpa suya. Quien está enfadado cree que la culpa es de otros, no suya. Y si piensa que tú eres el culpable y tú eres quien le está diciendo que se tranquilice… ¡en fin!, mantén una distancia prudente de sus garras.

¿Qué hacer entonces con un gato o un humano enfadado? Comencemos con un humano. Luego nos ocuparemos de los gatos.

Una discusión entre personas casi siempre cubre uno de los tres temas siguientes.

Tema: la culpa

«¿La has dejado levantada otra vez?»

Tu pareja ha vuelto a dejar levantada la tapa del inodoro y el gato ha vuelto a beber de él.

Cuando culpas a alguien de dejar levantada la tapa del váter, ¿cuál es tu estado anímico? ¿Estás admirando la belleza de la tapa oval? ¿Te estás riendo al pensar que te sientas y te cuelas? ¿Estás pensando con tristeza en cuántas cosas de la vida se van por el desagüe?

Probablemente no. Lo más probable es que estés llevando a cabo un rápido trabajo detectivesco, decidiendo a toda prisa quién es el infractor, *para enfurecerte acto seguido* con ese imbécil. Lo más probable es que no sea la primera vez que ha cometido este delito. Es un reincidente. Y ya le has procesado con anterioridad. En numerosas ocasiones. Está empezando a parecer esa clase de delincuente incapaz de reformarse. Así las cosas, lo único que cabe hacer en este momento es gritarle. Desahogar tu frustración.

Por no mencionar al gato. Tiene agua fresca a su entera disposición, agua limpia en su propio bebedero en el suelo. ¿Por qué se empeña entonces en beber del inodoro? Tu casa está llena de malhechores.

Piensa ahora en tu pareja. ¿Cómo reacciona a tus gritos? Se pone a la defensiva. O cree que tu reacción es desmesurada. Tenéis que ocuparos de los pagos del coche, tenéis un trabajo estresante, mientras tanto la Tierra se está calentando, se cometen atentados terroristas, se dan noticias falsas, el horror se propaga por todo el mundo. ¿Y vosotros os preocupáis por el asiento del inodoro?

Esta clase de actitud estúpida y fuera de lugar te crispa aún más los nervios. Así pues, levantas todavía más la voz. Y ahora es él quien se enfada. Entonces tú te enfureces más. Y así sucesivamente.

Entretanto, el gato es el único adulto en la sala. En realidad no está en la sala. Está prudentemente escondido debajo de la cama. Los gritos hieren sus sensibles oídos.

¿A qué te conducen todas estas acusaciones? La culpa es un tema que provoca ira. Especialmente en los humanos.

Tema: los valores

«¡Una buena pareja no dejaría levantada la tapa del váter!»

En vez de señalar el delito de tu pareja, hablas de su carácter. A un buen esposo le preocuparía la higiene del gato y el riesgo de que se ahogue en el retrete. Por no mencionar la probabilidad de que tú misma te cueles.

Los valores tienen que ver con lo bueno y lo malo, lo correcto y lo incorrecto, quién tiene razón y quién está equivocado. Ser considerado con la tapa del inodoro: bueno. Ser desconsiderado: malo. Un marido desconsiderado es un mal marido. Y, por consiguiente, una mala persona. En resumidas cuentas, dejar subida la tapa del inodoro demuestra que tu pareja es un completo imbécil. Los valores son la opción nuclear de la discusión, que hace estallar toda posibilidad de solución. Esto ya no tiene que ver con bajar la tapa del váter. Tiene que ver con toda una relación que se está yendo a pique.

(¿Y el gato? Dejaremos el gato al margen de este asunto. En vista del panorama, él mismo se mantiene totalmente al margen de la conversación.)

Así pues, ¿cuál es tu estado de ánimo cuando acusas a otra persona de estar podrida hasta la médula? ¿Y qué clase de estado anímico crees inducir así *en él*?

El problema del tema de los valores es que no ofrece ninguna salida, excepto la ruptura de la relación. Esto parece una forma realmente drástica de abordar el asunto de una tapa de váter mal colocada. Lo asombroso es que muchas parejas humanas actúan justamente de esta manera.

Utilizan cualquier discrepancia para demostrar al otro su superioridad, y que el único error que han cometido es casarse con la otra persona.

Las discusiones no rompen los matrimonios. Las parejas felices discrepan todo el tiempo. Lo que rompe los matrimonios son los temas, los temas equivocados. Los valores —buenos y malos— constituyen el peor de los temas para permanecer juntos.

No se trata de que no debamos tener valores. El sentido del bien y del mal es algo bueno. Lo que sucede es que esto contribuye a una pésima discusión acerca de una tapa de inodoro. La discusión acerca de valores conduce a la ira.

A fin de mejorar el estado de ánimo que impera en la sala, no deberías procesar a tu pareja. En eso consiste el tema de la culpa. Tampoco deberías mostrar que la tapa del retrete demuestra que es una persona terrible. En eso consiste el tema de los valores. ¿Entonces estás condenada? ¿Te conduce inexorablemente la falta de consideración de tu pareja a una vida solitaria con tu gato?

No. Porque existe un tercer tema. Este puede salvar una discusión e incluso un matrimonio.

Tema: la elección

«¿Cómo vamos a evitar que vuelva a suceder esto?»

En las mejores discusiones, ofreces una elección o una decisión. Propones una solución a un problema. Puede que tu pareja discrepe de tu solución, pero plantee su propia alternativa. Sobre eso versa vuestra discusión. No os estáis acusando mutuamente. No utilizáis la tapa del inodoro como prueba de vuestra respectiva criminalidad. Antes bien, analizáis el problema y habláis de cómo resolverlo. Tomáis una decisión. De repente el tema ya no se refiere a lo que ha hecho el hombre ni a la clase de marido que es, sino a la resolución conjunta del problema.

Es fácil decirlo, ¿verdad? ¿Cómo puedes pensar en elegir el mejor tema cuando estás furioso con alguien o cuando te están gritando?

Te sugeriré un truco. En lugar de pensar en el tema —culpa, valores o elección— recuerda tus clases de gramática. Piensa en el tiempo verbal en el que deberías situarte: pasado, presente o futuro.

La culpa tiene que ver con un delito cometido en el *pasado*.

Los valores se refieren al *presente*: quién es bueno y quién es malo.

Las elecciones se ocupan del *futuro*: una solución que contribuya a un mañana mejor y unos gatos más secos.

He aquí, por tanto, la herramienta más útil para eliminar la ira de una discusión humana: pasar al futuro. Si tú eres la víctima, evita centrarte en el delito. Hagas lo que hagas, evita atribuir el delito a algún defecto del carácter del infractor. En lugar de ello, habla de la decisión que podéis tomar con el fin de evitar que vuelva a suceder. Has elegido el momento. Has elegido el medio. Elige ahora el futuro.

Tú: Veo que has vuelto a dejar levantada la tapa del
váter. He buscado en Internet y he encontrado
un dispositivo que la cierra automáticamente.
Podríamos gastarnos ese dinero o podrías acostumbrarte a cerrar la tapa.

Esta estrategia no garantiza el comportamiento perfecto. El tipo puede prometer cerrar la tapa y luego olvidarse
otra vez. Algunos cónyuges muy inteligentes, especialmente los varones, sufren un grave bloqueo mental en lo que
atañe a las tapas de los inodoros. (Puede que tenga algo que
ver con los riñones. Y quizá con el cromosoma Y.) Pero al
menos los vecinos no oirán vuestros gritos. La relación se
mantiene intacta. Y el cuarto de baño puede volverse un
poco más seguro para los gatos sedientos.

Los gatos también pueden ser futuristas

De entrada, ningún gato que se precie dejaría subida la tapa
del retrete. (Pero si alguien la ha dejado levantada, él se lo
agradecerá.) Ahora bien, supongamos que el gato está enfadado contigo por algo que le has hecho o dejado de hacer. Supongamos que Natalie hubiese aceptado cuidar unas
horas en su casa (y en la de *Charlie*) el gatito de un vecino.
Charlie se enfada y es comprensible. Se trata de una grave
violación de su espacio personal.

Pero *Charlie* es un gato razonable. (Algunos gatos no lo
son. Las hembras en particular pueden ser tan territoriales
como los machos humanos.) Es lo bastante sabio como

para saber que podría sacar tajada de esta situación, como un premio.

> Natalie: No te preocupes, *Charlie*. Este adorable ga-
> tito se quedará solo un rato. Tú y yo volveremos
> a estar solos en unas horas.
> *Charlie*: [*Con aire lastimero.*]
> Natalie: ¡Oh, venga, *Charlie*! Tengo una sorpresa
> para ti.

¡Excelente negociación, *Charlie*! Sinceramente, solo algunos gatos y muy pocos humanos son tan inteligentes. Si quieres salvar una situación desagradable, tienes que pensar en el futuro. De lo contrario, solo te quedará la ira. Cuando te enfrentes a una persona enfadada, trata de desplazar el tiempo verbal al futuro. Si eso falla, elimina la causa de su ira (un gato escuálido, la tapa levantada del inodoro) y déjala en paz.

La vivencia en el ahora vuelve tribales a algunos gatos y a todas las personas

Los gurús y los acólitos de la Nueva Era nos exhortan a estar realmente presentes y a vivir en el ahora. Esta filosofía da mucho de sí. Ha hecho felices a muchos gatos. Pero el presente es un tiempo muy tribal, especialmente cuando existe un desacuerdo. El presente se refiere a los valores y a quién es bueno o malo, quién pertenece o no al clan. Los gatos piensan en Personas Buenas y Gatos Buenos, al igual que piensan en Cosas Buenas y Cosas Malas. Las Personas Buenas proporcionan Cosas Buenas y tienen un olor familiar. Los Gatos Buenos huelen a familia. Una Persona Buena que hace una cosa mala, como pisar la cola de un gato, puede perder temporalmente su condición de Persona Buena. Pero, siempre y cuando te portes bien y le proporciones más Cosas Buenas, pronto volverás a congraciarte con el gato.

Esta es la clave: a pesar de su reputación, los gatos no son rencorosos. Se limitan a decidir si algo es Bueno o es Malo. Si eres permanentemente Malo (una Persona Mala), el gato seguirá sin guardarte rencor. Sencillamente te odiará.

La dignidad no te acariciará la barriga.

Así que estás avergonzado.
Sé como un gato y deja atrás el pasado.

4.

Adáptate al clan:
la maniobra de la caja

Practica el decoro perfecto

«Las personas ignorantes piensan que lo molesto es el
ruido que hacen los gatos al pelearse, pero no es así;
lo molesto es la repugnante gramática que utilizan.»

MARK TWAIN

Las personas piensan a menudo en la persuasión como en
una especie de batalla, aunque se trate de una batalla
amistosa. Apunte terminológico: las palabras «debate» y
«batalla» tienen la misma etimología latina. Pero todo
aquel que tiene un gato ha sido persuadido por este y ningún gato ha persuadido jamás por medio del debate. En
su lugar, el gato emplea herramientas diferentes. Una de
ellas es el **decoro**. Pensamos en el decoro como en una
gramática «apropiada». O como los buenos modales, como
mantener fuera el dedo meñique al usar el abrelatas. El caso
es que lo que un grupo considera buenos modales puede
parecerle a otro unos modales horribles. Organiza una fiesta en la piscina para los perros y te declararán san Bernardo.
Organiza una fiesta para los gatos y, en fin, eso es una gro-

sería. Para muchos gatos, subirlos a tus hombros es de buena educación. Para la mayoría de los perros, no tanto. Lo mismo sucede con las personas. Darle una palmada en el trasero a un compañero de equipo que ha metido un gol puede resultar perfectamente aceptable, mientras que darle una palmada en el trasero a un socio… pues no tanto.

Pero ¿estamos hablando solo de modales? No. El decoro es algo más que las reglas que te hacen parecer educado. Tiene que ver también con el hecho de que tu audiencia te considere agradable. De hecho, «decoro» viene de la palabra latina para «adecuación». Como en la «adaptación». Todo animal y todo humano prosperan cuando se adaptan perfectamente a su entorno. El decoro significa la adaptación a un entorno social.

Es cierto que el decoro depende de la buena educación. Pero la buena educación significa ser considerado. Significa tener en cuenta las actitudes y los sentimientos de los demás. Algunas culturas consideran buenos modales comer con las manos. Si esas personas te invitan a cenar, ¿deberías insistir en usar tenedor y cuchillo? O, lo que es peor, ¿deberías insistir en que todos los demás comieran con tenedor y cuchillo? No, si es que deseas practicar el decoro.

La gramática no es pa toda la peña

Además de adaptarse a los modales de otras personas, el decoro significa adaptarse también al lenguaje de la gente. Es importante aprender gramática en la escuela, no porque la «buena gramática» tenga necesariamente más sentido que la «mala» ni porque sea de algún modo moralmente superior, sino porque aprender la gramática supuestamente «correcta» te permite comunicarte con la élite. La gramática le permite al chico criado en la pobreza hablar con reyes y con directores generales. Por otra parte, ¿cómo debería una abuela que odie el rap hablar con los jóvenes amantes de esa música?

> Abuela: ¿Qué ocurre si estás hablando con jóvenes para quienes la gramática correcta parece casi un idioma extranjero?

Esa misma pregunta podría desconcertar a algunos jóvenes. Podrían tener dificultades para entenderla. Cuando menos, esta oración perfectamente gramatical no le ayudaría a la abuela a encajar en un sello discográfico de rap.

La gramática formal y exigente puede repugnar incluso a personas con mucha formación. Winston Churchill definió en cierta ocasión el habla sujeta a reglas —del tipo de la que hace cualquier cosa para evitar poner una proposición en inglés al final de una oración— como «pedantería errante que me resulta insoportable»[1].

Así pues, ¿cómo puede una abuela mantener una conversación con chicos que hablan como las letras de sus can-

---

1. «*Errant pedantry up with which I will not put*». La ironía estriba en lo retorcido de esta expresión para evitar colocar la proposición al final, como resultaría más natural en inglés: «*Errant pedantry I will not put up with*». Por otra parte, en muchas versiones de la cita aparece «*arrant pedantry*» (pura pedantería) en lugar de «*errant pedantry*» (pedantería errante). *(N. del T.)*

ciones favoritas? Si desea quejarse de que los varones de su familia dejan levantada la tapadera del inodoro, ¿dirá acaso: «Los tíos venga a dejarse la tapa levantá»?

No, a menos que suela hablar así. (Hay abuelas que sí que hablan así.)

Pero compruébalo por ti mismo. Pregúntale a un gato.

Literalmente. Dejemos que Natalie, que está claro que no es abuela, le pregunte a su gato.

Natalie: *Charlie*, ¿cómo debería hablar a los jóvenes a los que les gusta imitar a los cantantes de hip hop?

Espera la respuesta. Lo más probable es que *Charlie* guarde silencio sabiamente. Dirigirá a Natalie una mirada cortés (*Charlie* es un gato muy decoroso) y se alejará. O, si dice algo, no será una oración demasiado gramatical. Pero será perfectamente correcta para un gato.

Otro tanto sucede con la gramática. Si estás hablando con alguien que adora la gramática «correcta», la que se enseña en las clases de gramática, entonces hablar su tipo de lenguaje te permitirá encajar.

El decoro apropiado tiene su dificultad. Has de evitar que parezca que lo intentas con todas tus fuerzas. Por ejemplo, un humano nunca debería maullar a un gato. Un animal de otra especie espera que hables como un humano. En lugar de ello, debes actuar como un buen humano se comportaría con un gato. En vez de maullar, quédate quieto y deja que el gato se te acerque. Los gatos saben que un buen husmeo de tu zapato les dirá muchas cosas. Análogamente, una abuela que intente comunicarse con adolescentes debería hablar como estos esperan que hable una abuela, no como una esnob sino de forma respetuosa. Y un adolescente debería hacer otro tanto con una abuela bien educada. ¿Cómo esperaría tu abuela que le hablase un buen adolescente?

Agacha la cerviz

El tacto es otra clase de decoro. Si hieres los sentimientos de las personas, aunque estés diciendo la pura verdad, se apartarán de ti.

Nada de esto significa en realidad ser tú mismo. Este decoro podría ser incluso manipulador hasta cierto punto. Tal vez prefieras adoptar esta actitud: «Yo soy así. Lo tomas o lo dejas».

(Es cierto que algunos gatos también muestran esta actitud. No todos los gatos son perfectos.)

Pero adaptarte a tu entorno social no tiene por qué implicar traicionar tu yo auténtico. Basta con que te asegures de que tu yo auténtico no sea un perfecto engreído.

Lo dice el Libro del Éxodo.

Dios le dice a Moisés que ha echado un vistazo a su pueblo y no ha quedado muy impresionado. «Mira —dice Dios— es un pueblo altivo». Eso significa que son inmutables, inadaptables. No seas tan mojigatamente fiel a ti mismo hasta el punto de no adaptarte a tu entorno social. Eso es ser un engreído.

Una cura estupenda para la altivez consiste en prestar mucha atención al grupo con el que estás y convencerte de que el grupo te agrada.

(Otra buena cura: rascarte el cuello, empezando detrás de las orejas. ¡Oh, qué bien sienta!)

Pero espera. ¿Qué tiene que ver todo esto con la persuasión y con los gatos?

Recuerda que la persuasión comienza con el agrado y la actitud conciliadora. Para llegar a un acuerdo, al menos uno de vosotros ha de ser agradable y conciliador. Si tu persona o tu gato encuentran que eres del tipo adecuado, que encajas, entonces es mucho más probable que consigas aquello que desees. Si tu audiencia cree que eres terco y engreído, entonces es más probable que te silben o que salgan corriendo a esconderse.

Para encajar, un gato no tiene que fingir ser un humano. Simplemente tiene que mostrar lo mucho que le gustan los humanos. Lo mismo vale en tu caso. En lugar de empeñarse en hablar como un adolescente, el adulto solo tiene que aparentar que le gustan los adolescentes.

Como te enseñarán los gatos, esta clase de decoro se asemeja mucho al ronroneo.

El arte del ronroneo

Un ronroneo es una declaración retórica de doble sentido. Dice: «Me siento feliz contigo». Y también dice: «Sea cual sea tu actividad, no pares, por favor».

El ronroneo actúa como una especie de droga en nosotros, los humanos, provocándonos un estado manejable y dócil. Los gatos utilizan el ronroneo para controlarnos. Y funciona.

La buena noticia es que nosotros podemos hacerlo casi tan bien como los gatos, creando efectos que funcionan como un ronroneo.

En primer lugar, has de actuar como si te encantara estar con tu audiencia. Esto vale tanto si estás acariciando a un gato como si estás hablando con un grupo de humanos. Todo gato sabe que el «me siento feliz contigo» es una parte crucial del ronroneo para conseguir que le sigan acariciando. En retórica, esto se denomina **congraciamiento**, la táctica consistente en congraciarse con alguien. A nosotros nos gusta llamarlo «agrado» o «actitud conciliadora» (*agreeability*). Al mostrarte agradable y conciliador, aumentas las probabilidades de que la otra persona esté de acuerdo contigo. Es como un ronroneo sin el ruido sordo en el pecho.

Cuando desees algo de alguien, piensa para tus adentros: «Me siento feliz contigo». Piénsalo incluso si no es cierto del todo, incluso si las otras personas son desagradables. Lo interesante es que, al fingir que te gustan, puede que se vuelvan realmente más soportables.

Una de las razones por las que tu gato ronronea: tú te vuelves más soportable para él.

Incluso sabemos de personas que ronronean. Por ejemplo, quienes practican la meditación pronuncian con frecuencia en su fuero interno la palabra «om», logrando masajear sus entrañas con esas vibraciones. Quienes disfrutan comiéndose en un restaurante un pastel de chocolate, tan pecaminoso que vas directamente al infierno, ronronean a menudo mientras se llevan el tenedor a la boca. Después de todo, ¿qué es «mmmm» sino un ronroneo desordenado? ¿Y qué decir de nuestros gemidos durante un masaje en la espalda o, en fin, otras actividades?

En efecto: ronroneos.

En una conversación con un gato o un humano, trata de ronronear *retóricamente*. Adopta un estado anímico conciliador y congraciador. (Ahórrate los ruidos sordos, que pueden resultar espeluznantes cuando estás hablando sin más. Deja el auténtico ronroneo conversacional para los expertos felinos.) Al modificar tu estado de ánimo, puedes mejorar el estado anímico de los demás. Muestra placer en la relación antes de tratar de convencer de algo.

Primero el ronroneo y luego la conducción.

Los científicos confirman lo que los gatos siempre han sabido: para poner a alguien en disposición de ser persuadido, haz que se sienta feliz, cómodo y en control de la situación.

Una adolescente necesita desesperadamente el coche de su madre. Antes de preguntarle a bocajarro: «¿Me prestas el coche?», debería iniciar su ronroneo mental. Recordar todas las cosas buenas que su madre ha hecho por ella. Pensar en todos los sacrificios que ha hecho su madre. Pensar en lo buena persona que es su madre en general, aunque a veces no se dé cuenta de que su hija ya no es una niña. Pensar en lo mejor de ella en una suerte de ronroneo. Esto es mucho más efectivo que dar coba a mamá o alabar su belleza. (Las madres calan enseguida la adulación.)

Los estados anímicos tienden a ser contagiosos. El ronroneo de un gato incita a otro a ronronear. Lo mismo sucede con las madres. Puede que al final la hija no consiga el coche. (Permanece atento a otras herramientas.) Pero al menos ambas compartirán un bonito momento, que a la larga ayudará a que la chica logre sus objetivos. Esto es algo que la mayoría de los gatos saben mejor que los humanos: una relación estrecha brinda más recompensas. Con el rencor no se consigue ni tan siquiera un regazo decente.

Otro truco del ronroneo: fingir satisfacción incluso cuando *no* consigas exactamente aquello que deseas. Un gato ronroneará incluso cuando el idiota de su «amo» le rasque en un lugar equivocado. El gato quiere que le frote la barbilla y el muy tonto sigue rascándole el lomo. ¿Qué hace el gato? Ronronea y sigue ronroneando, y luego levanta la cabeza significativamente.

Tenemos mucho que aprender de los gatos.

Ponte cómodo

Los gatos pueden cometer errores al practicar un mal decoro. Por ejemplo, si uno de ellos insiste en saltar sobre la mesa de la comida puede no parecer muy educado. Pero quizás él vea las cosas de otra manera. Después de todo, *tú* estás comiendo en esa mesa. Y es un tanto grosero por tu parte no haberle proporcionado una silla lo bastante alta. Pero él no es de los que guardan rencor. Está encantado de sentarse sobre la mesa para compartir tu pavo.

En otras palabras, a una especie puede costarle mucho entender las reglas de conducta de otro animal. Y has de admitir que las reglas humanas son muy extrañas.

Con el fin de apreciar cuán excelentes pueden ser los gatos en el arte de encajar, fíjate en lo que sucede cuando abres un pequeño paquete de Amazon y dejas la caja en el suelo. ¿Cómo se las ingenian los gatos para apretujarse en ese diminuto espacio de cartón? ¿Y cómo se suben a los estantes altos y se esconden tras un matorral de libros de bolsillo?

Gatean, se estrujan y se introducen como por arte de magia. ¿Cómo lo hacen? *Se adaptan.* Amoldan su cuerpo para que encaje en los espacios.

Con demasiada frecuencia, los humanos no acertamos a pensar de esta manera. Gustamos de amoldar nuestro entorno a nosotros en lugar de a la inversa. Esto nos convierte en arquitectos excelentes y campistas terribles. Ahora bien, si pensamos más como los gatos que como los humanos podemos perfeccionar realmente nuestro decoro con otros humanos.

Imagínate un contexto social como un espacio íntimo y pequeño. Tienes que encajar en ese espacio. Sería un error tratar a las demás personas del modo en que tratamos nuestro entorno, modelándolo para que encaje con nosotros en vez de adaptarnos nosotros a él.

¿Con qué frecuencia cometes ese error coleccionando amigos que están de acuerdo contigo en la mayoría de las ocasiones? Vivimos en comunidades cuyos integrantes se parecen a nosotros y piensan de la misma manera. Incluso tendemos a contratar a personas parecidas a nosotros. La mayor parte del tiempo, esta táctica hace que nos sintamos cómodos.

Pero de vez en cuando nos encontramos en un lugar extraño, como una fiesta de la oficina, un pleno municipal o una entrevista de trabajo. No tenemos otra alternativa que tratar de encajar. No nos queda más remedio que adaptarnos.

Estás invitado a una fiesta y un hombre que se ha bebido unas cuantas copas de más trata de enzarzarse contigo en una pelea sobre política. Al no lograr chincharte, exclama que apoyas a «los terroristas». Podrías sentir la tentación de discutir con él o de hacer un comentario hiriente sobre sus copas de más. Pero recuerda que estás en un entorno social formado por otros invitados además de ese borracho. Piensa en el decoro. En cualquier conflicto en el que exista un público, la estrategia de encaje más decorosa pasa por ganarse al público, no a tu atacante. Compórtate como los gatos: muestra dignidad. Actúa como el mejor personaje. Los demás invitados a la fiesta te verán como uno de ellos y te querrán por ese motivo. ¡Enhorabuena! Encajas en tu entorno inmediato.

El gato sabio examina primero la caja, luego amolda su cuerpo para que encaje en ella. Esto no es deshonestidad. Es adaptabilidad. El decoro es exactamente lo mismo: adaptabilidad.

La vida adaptable es una vida agradable.

Utiliza tu arena para gatos.

El buen decoro significa ser discreto.
No enseñes tu porquería. Y, desde luego,
no enseñes la porquería de tus amigos
y compañeros de camada.

5.
Granjéate la lealtad:
La caricia virtuosa

Maneja las herramientas del carácter

«Cuando un gato te adula… no está siendo
insincero: puedes estar seguro de que se trata
de auténtica amabilidad.»

WALTER SAVAGE LANDOR

A estas alturas tal vez te estés preguntando: ¿cuándo vamos
a llegar a la persuasión? ¿Qué hay de la lógica aplastante?
¿Y la frase mortal? ¿Y el comentario ingenioso que detiene
en seco a tu adversario?

Llegaremos a la lógica y al ingenio más adelante. Pero
pregúntate: ¿acaso has mantenido alguna vez una discusión
lógica con un gato? ¿Se ha reído alguna vez un gato con tu
ingenio brillante?

Supongo que no.

Esas destrezas son ciertamente útiles, sobre todo si dis-
cutes de vez en cuando con un humano. Te enseñaremos
incluso a emplear la lógica con un gato. Pero las herramientas más importantes de la persuasión tienen que ver con si
tu oponente piensa que merece la pena acariciarte. Has de

lograr que piense que eres agradable. Que encajas bien en el clan. Debes conseguir que disminuya su enfado pensando en el futuro.

Y, por encima de todo, tienes que lograr que te aprecie y confíe en ti. De esto trata este capítulo.

Tanto los gatos como los humanos prefieren escuchar a las personas que tienen un buen carácter. Estamos seguros de que tú eres una persona excelente. (Adoras los gatos, ¿verdad? Eso te convierte en una buena persona.) Pero no basta con ser bueno. Tienes que hacer que los desconocidos y los gatos enojados piensen que eres un buen tipo. Eso requiere una cierta dosis de persuasión.

La buena noticia es que, una vez que tu audiencia te aprecie y confíe en ti, no solo te escuchará, sino que a menudo hará lo que tú desees. En ocasiones, incluso si tu audiencia es un gato.

Así pues, veamos cómo pulir tu carácter. Llámalo tu imagen si lo prefieres. Los antiguos griegos lo llamaban *ethos*. Significa «carácter», tal como otras personas y gatos lo ven. Un gran *ethos* forja un gran líder. Alguien a quien se aprecia y en quien se confía hasta tal punto que todos desean seguirlo.

Para conseguir un *ethos* de primera clase, necesitas trabajar sobre tres rasgos del liderazgo: la **preocupación**, la **destreza** y la **causa**.

Ofrece siempre un regazo

La preocupación consiste en hacer que tu audiencia crea que antepones sus intereses a los tuyos propios. Solo quieres lo mejor para ellos, incluso si ello implica renunciar a tu silla favorita o sacrificar un jersey para que sirva de manta perfecta para acurrucarse.

Esto resulta más arduo a menudo con las personas. Los gatos suelen hacerte saber lo que más les conviene. Las personas, no tanto. Puedes dar de comer a tu pareja todos los días a la misma hora sin que ello te granjee todavía su lealtad. Puede que desee de veras unas vacaciones. O elogios para conseguir un ascenso en el trabajo. O que te des cuenta de su cambio de peinado.

Por eso la primera tarea de la preocupación, por lo que atañe al *ethos*, consiste en descubrir el interés de tu audiencia. ¿Qué es lo que desea? Los médicos cometen a veces el error de pensar que basta con recetar algo. La mayoría de los pacientes quieren también atención. (Al igual que la mayoría de los gatos.) Cuando un médico insensible comete un error, tiene muchas más probabilidades de que le demanden. Los pacientes no serán tan duros con un médico preocupado o solícito. ¿Y qué es un médico solícito? Aquel que dedica al paciente más tiempo del requerido o que comprende por qué es tan difícil seguir una dieta.

La misma idea es aplicable a los que no somos médicos. Si nuestros compañeros de trabajo piensan que estamos dispuestos a sacrificar por ellos nuestro tiempo y esfuerzo, nos encubrirán cuando metamos la pata. Lo mismo cabe decir de nuestros jefes, por no mencionar a los políticos y demás líderes. Piensa en Gandhi y en Martin Luther King. Piensa en la Madre Teresa. Los dos primeros provocaron revoluciones. La tercera llegó a ser santa. La gente quería seguir a estos líderes, que se preocupaban por ella. Los tres comprendían qué era lo más beneficioso para su audiencia. Por eso llegaron a ser tan queridos.

¿Cómo puedes conseguir tú que un humano piense que eres una persona preocupada? La manera evidente es preocupándote de veras. Averigua lo que tu audiencia necesita y haz todo lo posible día tras día para satisfacer esas necesidades.

Pero eso no es la persuasión, que funciona con más rapidez. Para persuadir a alguien de que eres una persona preocupada, has de hacer dos cosas. Primera: demostrar comprensión. Segunda: ofrecerte a hacer algún pequeño sacrificio.

Novio: Estoy totalmente estresado por el examen de matemáticas.

Novia preocupada: ¿Por qué no dejo para otra ocasión la fiesta de la hoguera y te ayudo a estudiar?

Ten cuidado. La comprensión (*sympathy*) hace más por tu *ethos* que limitarse a solucionar el problema. Y, desde luego, no te limites a dar consejos.

Novia: Mi espalda me está matando por llenar esas estanterías.

Novio: Necesitas ir más al gimnasio. Pon en forma esos músculos de la espalda. Y quizá deberías perder de paso unos cuantos kilos.

Esto no ayuda a tu *ethos*. En lugar de ello, muéstrate triste y ofrécele un masaje.

El gato no necesita una psicología tan compleja. Para conseguir que tu gato piense que tienes un *ethos* solícito, basta con que te quedes en casa. No te vayas nunca de viaje de negocios ni de vacaciones. Deja lo que tengas entre manos cuando él necesite un regazo. Cuélgale el teléfono a tu jefe y abre una lata de atún.

¿Ves lo que estamos haciendo? Estamos demostrando que entendemos lo que más le conviene al gato. Y le hacemos saber que estamos dispuestos a hacer cuanto haga falta para responder a esos intereses.

Esto no significa acceder a todas sus peticiones. El gato es lo bastante astuto como para saber que ciertas cosas desagradables son las que más le convienen. Supongamos que es un cabeza de chorlito que se traga los lazos. No estará resentido contigo si le sacas un lazo de la garganta de vez en cuando. Y probablemente entenderá que guardes los lazos en un cajón cerrado bajo llave.

Puede antojarse difícil convencer a un gato de que solo te preocupas por él. Pero un auténtico amante de los gatos sabe que es mucho más fácil convencer de tu amor a un gato que a un humano. El gato asume simplemente que no hay nadie más en tu vida. El humano no cesará de preguntárselo.

El sitio exacto que acariciar

La destreza significa hacer que una audiencia crea que lo importante se te da realmente bien. Sabes lo que hacer en cada ocasión. Los antiguos designaban esta característica como «sabiduría práctica». Y es que la destreza va más allá del aprendizaje libresco. El profesor necesita experiencia práctica para saber cuándo se están aburriendo sus alumnos y para saber cómo volver a captar su atención. El estudiante de medicina puede sacar un sobresaliente en anatomía y, sin embargo, no estar preparado para practicar una apendicectomía. La destreza o sabiduría práctica requiere estudio más experiencia.

Con los humanos puedes dar la impresión de destreza sin dar clases ni extraer apéndices. Una forma de hacerlo consiste en usar la jerga, siempre que se trate de la jerga apropiada. Si no conoces los términos específicos que emplea un grupo, no hables demasiado. Escucha esas palabras y la manera en que las usa el grupo. Puedes dañar la parte de destreza de tu *ethos* si empleas las palabras inadecuadas. Las personas mayores hacen reír a los más jóvenes cuando dicen que van a «tuitear» la noticia. (Es mucho mejor aprender lo que es Snapchat.) Si quieres impresionar a alguien con tus conocimientos sobre coches, aprende la diferencia entre una llave inglesa y una llave de tubo. Y aprende cuál de ambas puede ayudarte a reemplazar los amortiguadores.

A los gatos no les preocupan tanto las palabras. Ni que decir tiene que, para un gato, lo más importante de todo es atender al gato. La persona dotada de una buena destreza conoce exactamente el sitio adecuado para acariciar a un gato en particular. Esa persona proporciona asimismo la comida con puntualidad y a veces antes de tiempo. Le compra los juguetes adecuados. Las camas son cómodas y nunca están en un sitio frío.

¿Quieres que una persona confíe en ti? Utiliza las palabras apropiadas para enviar un correo electrónico grupal.

¿Quieres que un gato confíe en ti? Ocúpate de ese perro demasiado amistoso que no tiene modales de gato.

En cualquier caso, demuestras que sabes lo que estás haciendo. En eso consiste la destreza.

La prueba del olor

La causa tiene que ver con tu capacidad para representar una Cosa Buena, algo superior a las preocupaciones cotidianas. Las corporaciones tratan de convencernos con frecuencia de que representan buenas causas y no se limitan a perseguir beneficios. Los bancos hablan de dar «libertad» a sus clientes. Los restaurantes de comida rápida luchan por tu derecho a tener cualquier cosa que desees en tu hamburguesa. Los coches y los relojes lujosos representan la calidad en un mundo feo y mal diseñado. Y muchos de nosotros picamos el anzuelo y nos gastamos más dinero del que deberíamos, porque creemos que estamos dando dinero para una Cosa Buena. Y eso nos hace sentir bien.

En retórica, la causa se denomina **virtud**. Hoy en día pensamos que la virtud describe a una clase de chica chapada a la antigua. (¿Acaso alguien sigue hablando siquiera de la virtud?) Pero antiguamente, hace mil años o incluso más, la virtud era algo que supuestamente poseían los hombres, incluso en mayor medida que las mujeres. Significaba la defensa de algo más grande que uno mismo. Mientras que la preocupación se refiere al interés de tu audiencia, la causa se refiere a un interés más elevado, como puede ser Dios, el país, el medio ambiente o el rescate de gatos callejeros.

En otras palabras, la causa se refiere a los valores. No necesariamente a tus valores. A los valores de la audiencia. Supongamos que tu audiencia piensa que los empleos son más importantes que el medio ambiente. No beneficiarás a tu *ethos* hablando de salvar las ballenas. Mucho mejor hablar de ofrecer empleo para todo el mundo.

¿Quiere esto decir que deberías ser un camaleón? ¿Fingir que defiendes cosas que no te importan? O, peor todavía, ¿ir en contra de tus propias creencias?

No. Pero sí que significa comprender lo que valora tu audiencia. Y significa honrar esos valores. Si lo que tu audiencia valora es malo, entonces para empezar quizá no deberías estar dirigiéndote a esas personas. Ahora bien, si sencillamente no compartes esos mismos valores, todavía puedes honrarlas. Son buenas personas y hacen las cosas lo mejor que pueden.

Algunos creen que el fútbol americano es un mal deporte. Los chicos se lesionan y la música es terrible. Otros piensan que el fútbol es lo que ha hecho grande a Estados Unidos. Tú puedes odiar el fútbol y, aun así, honrar a los aficionados al fútbol por su amor a este deporte. Eso es retórica en estado puro. No tienes que fingir que te gusta el fútbol. Si honras a los futboleros, estos te considerarán una persona virtuosa.

Pero todavía necesitas hacer que la audiencia crea que defiendes algo. Asegúrate de defender valores que ambos compartáis. Así que no te gusta el fútbol americano. Quizá te encanten los nachos. O las animadoras. O tal vez se te empañen los ojos de lágrimas al escuchar el himno nacional. Esa es una causa en la que muchas audiencias pueden creer. Tu *ethos* ya está mejorando.

Los gatos son más difíciles de convencer de esta manera. Captan claramente tus intenciones, a menos que la causa tenga que ver con Cosas Buenas como la comida y los regazos. Esto se debe en parte a que los gatos piensan en las personas buenas y malas de manera más simple que el resto de nosotros. Si hueles a familia, eres de la familia. Y oler a familia significa andar rondando a menudo por ahí, pues eso es lo que hace la familia. Los humanos desarrollan lealtades mutuas en función de las películas que les gustan y de sus opiniones respectivas acerca de la inmigración y los impuestos, pero eso no ayuda demasiado a separar a los Buenos de los Malos.

Tal vez necesitemos desarrollar más el sentido del olfato de los gatos.

La preocupación, la destreza y la causa son los tres rasgos que los gatos y las personas emplean para juzgar el carácter. La diferencia estriba en que puedes fingir estas cosas con los humanos. La retórica humana tiene que ver con la impresión que causas, tanto si es verdadera como si no lo es. Ahora bien, es más fácil causar una buena impresión si eres realmente una buena persona. Pero piensa en todos esos políticos que consiguen ser elegidos, en todos esos falsos profetas, gánsteres y supervendedores de corazón oscuro que logran que la gente les quiera. Decía Abraham Lincoln que no puedes engañar a todo el mundo todo el tiempo. Estaba poniendo un listón muy bajo para la humanidad. Aunque puedas engañar a todo el mundo algunas veces y a algunas personas todo el tiempo, no puedes engañar a un solo gato durante mucho tiempo. Si no eres una buena Persona con los Gatos, no tardará en calarte. Sabrá que no eres una Buena Persona. Así pues, la mejor manera de granjearte el cariño y el respeto de un gato es practicar la preocupación, la destreza y la causa genuinas. Dedícate a un gato. Sé excelente en el juego y con las horas de las comidas. Y, sobre todo, no dejes de estar ahí. Tratándose de gatos, esa es tu causa.

Las personas, al ser personas, necesitan practicar más artes retóricas para granjearse el respeto. Supongamos que eres una persona genuinamente buena, buena en lo que haces, pero el reconocimiento que recibes por ello es demasiado escaso. Necesitas examinar hasta qué punto proyectas bien tu preocupación por los demás, tu capacidad de resolver problemas sobre la marcha y tu lucha por un bien mayor. Revisa tu currículum y valora si proyecta los tres rasgos. Cuando hagas algo bueno, no te limites a hacerlo delante del espejo. Deja que la gente vea tu esplendidez. Esto obrará milagros para tu reputación entre los humanos.

Pero no entre los gatos.

SABIDURÍA GATUNA

La virtud reside en los hábitos constantes.

Duerme, come y hazlo todo con regularidad, a la misma hora exacta cada día. Los hábitos son los que hacen tan virtuosos a los gatos.

6.
Argumenta lógicamente:
La ratonera deductiva

Consigue que acuda un gato

«Cuando Roma ardía, los gatos del emperador
todavía esperaban que les diesen de comer
con puntualidad.»

SEANAN MCGUIRE

Por supuesto, jamás puedes *obligar a* acudir a un gato. Acude cuando él quiere. Los amantes de los perros suelen señalar este extremo. Piensan que los gatos son egocéntricos
y egoístas. Esta actitud les lleva a malinterpretar a los gatos.
Como son criaturas sensatas, los gatos necesitan una razón.
Acuden cuando es obvio que se trata de una buena idea.

Una razón excelente es la comida. Llama a un gato durante la hora de comer y acudirá en un santiamén. Puede
correr a la cocina incluso cuando lo llamas antes de la hora
de comer.

¿Lo ves? Ya te hemos dicho que los gatos acuden. Solo
que no siempre como a ti te gustaría.

Unas caricias constituyen otra razón para acudir. A la
mayoría de los gatos les gusta que los acaricien y, al tener un

87

vocabulario excelente, acudirán cuando les ofrezcas unas caricias.

Un juguete favorito: también es una buena razón.
Menta gatuna: obviamente.
Regazo: también es evidente.

Ahora bien, si no aciertas a brindar una buena razón, el gato preguntará con toda la razón: «¿Por qué debería acudir?» Al amante de los perros, esta pregunta puede antojársele una grosería. Los perros son de la opinión de que a ellos no les corresponder razonar el porqué. Pero si escuchas atentamente a un gato durante el día, te percatarás de que a menudo es él quien te pide *a ti* que vayas. Ahora bien, ¿con qué frecuencia le obedeces? Un gato sabio —y la mayoría de los gatos son muy sabios— no se ofenderá cuando no acudas. Entiende que necesita ofrecerte una razón mejor. Así pues, cambia su tono, llamándote de manera más enérgica e insistente, hasta que la razón para acudir sea detener sus maullidos. O te mira con ojos gigantescos de Bambi y se limita a abrir la boca. La mayoría de los humanos responden al instante al Maullido Silencioso. Vaya estúpidos.

Los humanos tampoco acuden siempre cuando un humano los llama.

Novio: Ven.
Novia: ¿Ahora?
Novio: Sí.
Novia: ¿Por qué?

Novio: ¿Necesitas una razón?
Novia: Sí.

Aquí es donde entra en juego la persuasión; no solo para conseguir que venga una persona o un gato, sino también para conseguir que hagan en general lo que tú desees. Una razón no tiene por qué ser un soborno. Ni siquiera un hecho.

Los golpes directos lógicos de izquierda y de derecha

Bueno, ahora tenemos que usar un término que tal vez no conozcas. A diferencia de los gatos, muchos humanos tienden a asustarse de las palabras desconocidas. El componente esencial de la lógica persuasiva es —agárrate fuerte— el **entimema**. Es una palabra estupenda de pronunciar si deseas intimidar a alguien; me refiero a un humano. Las palabras grandilocuentes no intimidan a los gatos.

Un entimema es un golpe lógico en dos tiempos, como los directos de izquierda y de derecha en el boxeo. Solo necesitas dos elementos:

1. La demostración. Si quieres, puedes llamarla «la razón».
2. La conclusión.

Demostración: Huele a ensalada de atún en la encimera de la cocina.
Conclusión: Debería saltar a la encimera.

Como puedes ver, a los gatos se les dan muy bien los entimemas. A los humanos, no tanto.

Primer humano: No quiero ir a la Feria Renacentista.
Segundo humano: ¿Por qué no?
Primer humano: Pues porque no quiero, por eso.

Esto no es un entimema. En un entimema, toda conclusión necesita una razón. Una razón no puede ser la propia conclusión. «No quiero ir porque no quiero ir» se muerde la cola, como la pescadilla.

Probemos de nuevo.

Primer humano: No quiero ir a la Feria Renacentista.
Segundo humano: ¿Por qué no?
Primer humano: He oído que habrá danzas moriscas.

Excelente entimema: La demostración —la amenaza de bailarines con cascabeles y palos— respalda la conclusión de que la Feria Renacentista es una mala idea. Como puedes ver, cualquiera de las partes del entimema puede ir en primer lugar, tanto la demostración como la conclusión.

He oído que habrá danzas moriscas, así que no quiero ir.

No quiero ir porque puede que haya danzas moriscas.

Los gatos ya lo saben.

Los cordones son divertidos. Por consiguiente, son un juguete.

Los cordones son juguetes porque son divertidos. Especialmente cuando un humano está intentando atárselos.

No puedes superar una lógica aplastante como esa. Si en alguna ocasión no tienes claro en qué consiste un entimema, basta con que pienses por qué acude un gato. Este llega a la conclusión de acudir si le das una buena razón. En la persuasión, una conclusión suele implicar una decisión («Creo que iré») o una acción (ir).

¿Lo has entendido? Entonces llevas ventaja a la mayoría de la gente, incluidos los políticos. Y hablando de políticos, el entimema es sin duda la mejor forma de saber si alguien está diciendo tonterías o si está tratando de manipularte.

Veamos cómo, examinando más detenidamente las razones: la «demostración» del entimema. Es una manera estupenda de detectar las sandeces y, si eres un tipo ladino, de manipular a otras personas.

Un hecho es lo que tu audiencia cree que es un hecho

Una razón suele partir de un hecho.

El sol sale a la misma hora esta mañana que ayer por la mañana. Por tanto, el gato sabe que tú deberías levantarte exactamente a esa hora, a pesar de lo que diga el reloj. El amanecer es un hecho.

Uno más uno igual a dos: otro hecho. Añade un gato nuevo a una casa con un solo gato y obtendrás un par de gatos dando bufidos. Como humano, sabes que un gato más un gato es igual a dos gatos.

Pero incluso un hecho sólido puede admitir diversas interpretaciones en función de la audiencia. Si no eres una persona madrugadora y no tienes gato, el amanecer puede ser una pura teoría. Para tu gato original, un gato más un gato es igual a un gato de más.

Todo hecho es susceptible de una interpretación diferente. Una audiencia puede pensar que un laxante con sabor a atún es un postre delicioso. A otra puede parecerle repugnante.

Por lo que atañe a la persuasión, las creencias de tu audiencia pueden resultar más relevantes que los hechos mismos. Si tu audiencia no cree que la pasta de hígado sea bueno para ella, entonces ese hecho no logrará convencerla. Tu audiencia puede creer que comerse un pavo que pesa más que ella es una buena idea. El hecho de que al comerse el pavo tu audiencia se pondrá enferma no le resultará convincente.

Naturalmente, estamos hablando de los humanos.

Las personas desearían que todas las discusiones versaran sobre los hechos y la lógica. Pero las discusiones útiles tienen que ver con las elecciones, como si acudir o no. Una elección no es un hecho. Y los elementos principales que influyen en una elección suelen tener que ver con lo que la audiencia cree o espera. Si la audiencia cree que al acudir conseguirá una buena comida o unas caricias de lujo, entonces se dejará convencer.

Por consiguiente, no todas las demostraciones o razones han de partir de hechos. Si un gato o un humano creen que algo es cierto, se dejarán persuadir como si esa creencia fuera un hecho real. Si una persona cree que una casa está encantada, se negará a comprar la casa, existan o no los fantasmas.

Un gato perseguirá un atractivo punto rojo de láser, en la perfecta creencia de que el punto es un bicho brillante que se mueve con rapidez. Un bicho que un humano controla con un palito. Perfectamente razonable —más razonable que una creencia en fantasmas— si no exactamente verdadero. Así pues, si puedes conseguir que un gato o un humano crean algo, o bien si partes de algo que ya creen, entonces puedes usar esa creencia cual si de un hecho se tratase.

Un punto rojo en movimiento es un bicho. Por consiguiente, debería ser cazado.

Las creencias proceden de dos fuentes: la *experiencia* y la *expectativa*. Tu gato medio ha tenido experiencias abundantes y agradables con bichos. Espera que cualquier cosa que actúe como un bicho sea igual de divertida.

En el extremo opuesto del espectro de la diversión, el gato que salte sobre una estufa de leña tendrá una mala experiencia. En lo sucesivo evitará las estufas de leña calientes. Pero, como observara Mark Twain, también evitará saltar sobre las estufas de leña frías. Ello se debe a que espera que todas las estufas de leña estén calientes. Su experiencia previa le dice que las estufas de leña están calientes.

Esto conduce a la expectativa de que las estufas futuras estén igualmente calientes. Y, por consiguiente, cree que las estufas son unos lugares pésimos para saltar sobre ellos. Más vale prevenir que curar.

Los gatos pueden forjarse una creencia sólida a partir de una única experiencia. Aprenden rápido. Dale a un gato un nuevo premio y, si le gusta, esperará ese premio durante el resto de su vida. La experiencia conduce a la expectativa, la cual conduce a su vez a la creencia de que el premio es una Cosa Buena. Los gatos son lo suficientemente sabios como para entender que ninguna Cosa Buena debería tener fin.

Las personas aprenden mucho más despacio. A menudo necesitan dos o tres desastres para llegar a creer en algo. Los cargos electos son peores todavía; requieren décadas de desastres.

Si quieres convencer a alguien, está bien que pongas en orden unos buenos hechos. Pero la parte de la persuasión llega cuando apelas a las creencias de tu audiencia. Imagínate que eres el director de una oficina y tus superiores en la empresa te han pedido que incrementes la productividad. Podrías reunir a todo el mundo y proyectar diapositivas que muestren que las otras divisiones son mucho más productivas. O podrías desplegar gráficos geniales que ilustrasen a la perfección cuánto más trabajo se sacaría adelante si todos llegaran media hora antes. ¿Convencerían las diapositivas a tus colegas para que invirtieran un tiempo o un esfuerzo extra? No en ninguna de las oficinas en las que hemos trabajado.

En lugar de ello, has de empezar por escuchar. Trata de averiguar qué es lo que ya creen quienes trabajan en la oficina. Oyes que se sienten saturados de trabajo y poco valorados. Se sienten impotentes. Así pues, en lugar de apoyarte exclusivamente en datos y estadísticas, debes trabajar partiendo de las creencias de tus compañeros:

> Tú: Los jefazos nos han planteado un desafío. ¿Cómo vamos a incrementar la productividad? Voy a necesitar vuestras mejores ideas. Volvamos a reunirnos dentro de una semana y me decís qué es lo que podemos mejorar. Y, si lo logramos, me aseguraré de que los jefazos se enteren y lucharé para recompensar vuestro esfuerzo.

Ahora bien, quizá tus compañeros de oficina no están tan saturados de trabajo y has sabido escucharles en todo momento. En retórica, estas verdades no importan. La gente sabe lo que cree, al igual que los gatos saben lo que creen. Y, aunque sus creencias puedan estar equivocadas, a efectos de la persuasión son perfectamente lógicas.

En lo que a los hechos se refiere, los gatos pueden ser tan estúpidos como los humanos. Cualquiera que haya usado alguna vez un puntero láser con un gato sabe que su sentido de la realidad puede ser un tanto precario. A los gatos también se les da de maravilla ignorar los hechos que no concuerdan con ellos.

> Tú: No, no te voy a dar otro premio. Estás engordando.
> Gato: [*Silencio significativo.*]

Los hábitos hacen las cosas reales

Un gato puede convertir una Cosa Buena en un hábito, siempre y cuando cuente con la cooperación del humano. Y un hábito es tan bueno como la verdad.

Esto puede ser difícil de entender para un humano, por lo que merece la pena repetir que *un hábito es tan bueno como la verdad*.

No es tan complicado como parece. El sol sale todos los días. Desde el punto de vista del sol, eso es un hábito. Basándonos en nuestra experiencia de todos los demás amaneceres, podemos esperar que el sol saldrá mañana y pasado mañana, y al día siguiente. Nuestra experiencia lleva a esa expectativa. En eso consiste la creencia. (También se trata de una falacia, conocida como la **falacia del antecedente**. Aunque el sol parece bastante fiable siempre y cuando evitemos hacer estallar la Tierra, es una falacia creer que deberías conducir rápido porque nunca has tenido un accidente.) Cuando tú, una audiencia o un gato creéis que algo es cierto, desde el punto de vista de la persuasión es tan bueno como la verdad. Por consiguiente, en el arte de la retórica, el hábito del sol de levantarse cada mañana es una cosa cierta.

Como sabes, los gatos son unos maestros de los hábitos y, como depredadores, son expertos en observar los hábitos de otras especies, incluidos los ratones, los pájaros y los humanos. «Puedes observar mucho simplemente mirando», decía Yogi Berra.[2] (Fue un gato en una vida pasa-

---

2. Beisbolista estadounidense, célebre entre otras cosas por algunas frases que a veces rayan en lo absurdo. *(N. del T.)*

da.) Y los hábitos de los otros se convierten en verdades. Si te levantas a la misma hora todas las mañanas, tu despertador es tan auténtico como el sol, desde el punto de vista del gato.

Por otra parte, si no te levantas a la hora acostumbrada, el gato lo interpretará como una especie de mentira. Por eso el cambio del horario de verano a la hora estándar, cuando nos levantamos una hora más tarde, puede molestar a un gato sensible.

Esta es otra lección que deberíamos aprender de los gatos. Los hábitos constantes son un conjunto de verdades. Constituyen lo que somos. Apartarse de un buen hábito practicado desde hace mucho tiempo parecerá una especie de mentira. Ello se debe a que la creencia proviene de la experiencia y de la expectativa. En los gatos, la experiencia y la expectativa son una misma cosa. Esto es muy sabio.

Si alguna vez deseas convencerte a ti mismo de que debes comer adecuadamente, piensa como un gato. No intentes motivarte. En lugar de ello, intenta adquirir un hábito. Si tiendes a saltarte el desayuno para luego zamparte un bollo danés a media mañana, prepárate un batido. Llénalo de cosas que no te gusten y que probablemente no te comerías si estuvieras totalmente despierto, como espinacas, semillas de chía y yogur sin sabores. Trágatelo a la fuerza día tras día hasta que se convierta en un hábito. Si alguna vez te saltas ese batido en el futuro, te parecerá incluso moralmente malo. Ahora ya sabes cómo piensan los gatos.

¿Qué es un hábito sino una larga experiencia serial?

El hábito forja la expectativa de que harás lo mismo una y otra vez. Y, en el mundo de la persuasión, una expectativa equivale a la verdad.

Ni que decir tiene que el gato estará encantado si le das un premio inesperado. Los hábitos constantes son buenos, pero no deberías volverte neurótico al respecto. Anímate a convertir ese premio repentino en un hábito. No le importará en absoluto.

¿Qué tiene que ver todo esto con conseguir que un gato acuda cuando lo llames? Todo. Para que el gato acuda, ha de creer que acudir es una Cosa Buena, una especie de verdad. Si acudir no es una Cosa Buena, entonces no es cierto, pues los gatos saben que todas las Cosas Buenas son ciertas. Y me refiero a las Cosas Buenas desde el punto de vista del gato, no desde el tuyo.

SABIDURÍA GATUNA

Nunca te comas una mariquita.

Cuando te quedes deslumbrado por la belleza o
la elocuencia, recuerda: por muy lindo que sea un
bicho, probablemente seguirá sabiendo a bicho.

7.

Evita la manipulación: el estante mágico

*Las falacias lógicas
y por qué nos engañan*

«Quien se crea lo que le dice un gato se merece
todo lo que le ocurra.»

NEIL GAIMAN

Hasta ahora nos hemos ocupado de las deliciosas maneras de convencer a los gatos y a las personas. Pero una de las razones más importantes para aprender estas herramientas es evitar que nos convenzan a nosotros. A menos que *deseemos* que nos convenzan.

A quienes tenemos gatos, a menudo nos encanta que un gato nos manipule. Eso pone las cosas en pie de igualdad entre las especies. Además, ¿cuál es la gracia de tener un gato ingenuo? Para eso puedes tener un perro.

Mucha menos gracia tiene ser seducido por un congénere humano, salvo que se trate de un amante. Los vendedores, los comerciantes y los políticos utilizan trucos para conseguir que compremos cosas que no queremos. O que gastemos un dinero que no tenemos. O que vivamos aterrorizados por cosas que no deberíamos temer. O incluso que odiemos a personas perfectamente decentes y religiones milenarias.

La persuasión es un arte oscuro. Si quieres hacerlo menos oscuro, arroja luz sobre él. Para evitar que esos manipuladores se salgan con la suya, puedes aprender dos de sus herramientas más poderosas: las **palabras fachada** y las **falacias**. Ambas tienen que ver con la parte lógica de la retórica. O más bien con la parte ilógica.

La primera herramienta juega con las definiciones de las palabras.

Un juguete es un juguete es un juguete

Una de las señales más evidentes de que una persona no tiene ni idea es cuando dice: «Algo está pasando». A los políticos no se les cae de la boca. «Algo está pasando». También oímos a los políticos hablar de la guerra cuando en realidad no quieren decir guerra. La guerra contra la clase media. La guerra contra los blancos.

Y luego tenemos el «[ellos] están». Están arruinando nuestro país. Nos están invadiendo.

¿Sabes lo que son estas palabras? Son fachadas. Como las paredes de las tabernas y de las tiendas de los platós de las películas del Oeste, estas palabras pueden parecer reales. Pero mira detrás de ella y verás que no hay nada. No significan nada en absoluto.

La vacuna más poderosa contra las palabras fachada es una frase muy simple: ¿Qué quieres decir con...?

Cuando oigas decir a alguien que «algo está pasando», pregúntale: «Qué quieres decir con "algo"» Y, ya puestos, «¿Qué quieres decir con "está pasando"» ¿Ese algo está pasando desde hace mucho? ¿Ese algo está aumentando? ¿Qué problemas está causando ese algo?

Otro tanto sucede con la «guerra». Una guerra es una cosa seria. Muchas personas mueren en las guerras. Pueden destruir ciudades enteras, incluso civilizaciones. Sin duda, la clase media puede estar haciendo daño. Otra clase puede estar haciendo daño a la clase media, o podrían ser las corporaciones o los acuerdos comerciales o cualquier otra cosa. Pero ¿ha habido algún ataque de drones? ¿Botas sobre el terreno? ¿Prisioneros?

Y cada vez que alguien aluda en abstracto a un «ellos» sin concretar de quiénes está hablando, pregúntale: «¿A quiénes te refieres?»

La pregunta actúa como una bala de cañón que derriba la falsa fachada de la taberna. Una vez hecho esto, examina de qué está hecha la fachada.

La palabra «guerra» es una metáfora. Un juego de imaginación. Mira un campo de cereal y llámalo océano: estás imaginando que los tallos ondulantes son olas. Nada malo hay en ello. Nadie va a tratar de hacer flotar un barco por encima del trigo. Pero las metáforas se ponen feas cuando se interpretan literalmente. Cuando alguien que defiende a la clase media contra la «guerra» empieza a hablar del «enemigo», estás en un territorio peligroso.

Los gatos son mucho más sensatos que nosotros cuando juegan a imaginar. Un juguete de un gato es una presa de mentira. Cierto es que tu gato puede entusiasmarse y tratar de comérselo, pero pronto entrará en razón.

Una metáfora, a su vez, es una clase de **tropo**. Los tropos son palabras que juegan a imaginar. Uno de los tropos más escurridizos es uno del que la mayoría de nosotros no hemos oído hablar. Se llama **sinécdoque**. Una sinécdoque coge una parte de un grupo e imagina que es el grupo entero. Un inmigrante comete un crimen y tu político más desagradable pretenderá que los inmigrantes son criminales. Antiguamente, todos los ricos se parecían a un millonario en particular, gordo y fumador de puros, llamado Andrew Carnegie. La gente empezó a llamarle «pez gordo». En ciertos círculos eso podía ser un cumplido. Pero probablemente el término hería los sentimientos de algunos ricos. Y de muchos peces.

Los tropos son complicados incluso si sabes pronunciarlos. Pero los *pronombres* pueden ser igual de escurridizos. La palabra «ellos» es un pronombre. Aquí es donde la gramática puede resultar útil. La base de un pronombre es la palabra que representa. Esa palabra base es el **antecedente**. Cuando alguien emplee un pronombre —«ello», «ellos», busca el antecedente. Piensa si ha venido precedido por una palabra base, como por ejemplo «inmigración» o «inmigrantes». Luego piensa en esos inmigrantes y en si el hablante está diciendo algo sensato sobre ellos.

Nuestro cerebro gusta de establecer conexiones entre las cosas. Vemos unos pocos colores y suponemos que se trata de una bandera. Oímos unas pocas notas y podemos cantar el resto de la canción. Esta capacidad nos hace geniales. Podemos ver unas cuantas rocas e imaginar que construimos un castillo. Por eso los humanos dominamos el mundo y los gatos no. Pero esa misma característica puede hacernos saltar a conclusiones equivocadas. Vemos una clase de tatuaje y asumimos que se trata de un pandillero. U oímos un determinado acento y asumimos que se trata de un terrorista. Los políticos explotan estas conclusiones precipitadas. Utilizan nuestra tendencia a sacar conclusiones precipitadas para manipularnos.

Con los gatos no sucede esto. Al ser depredadores, piensan de un modo más simple. Si no logran entendernos, probablemente sea por culpa nuestra.

> Hombre hablando con su amante: Estás jugando
>   con mis sentimientos.

El gato oye «jugar» y viene corriendo. Para un gato, un juguete es un juguete y no un tropo.

Si todo esto te hace sentirte como un gato confundido, prueba este remedio. Si cuando preguntas «¿Qué quieres decir con…?» no se aclaran las cosas, pregunta por los detalles:

> ¿Quién exactamente?
> ¿Cuántos?
> ¿Cuándo?

¿Quiénes son esos «ellos»? ¿Cuántos son? ¿Está creciendo su número? ¿Cuándo llegaron aquí?

Si eso no funciona, entonces pregunta por las fuentes.

> Tú: ¿Dónde has oído eso?

Piensa en esas fuentes. ¿Se trata de tu tía abuela que se acaba de unir a Facebook? ¿O de una revista científica cuyos artículos antes de publicarse son validados por expertos?

Recuerda interesarte por estas tres cosas:

1. Definiciones.
2. Detalles.
3. Fuentes.

Puede que a la otra persona le molesten tus preguntas. Pero lo cierto es que pueden ayudarle a decir cosas sensatas. Al verse forzada a pensar en los hechos, las definiciones y los detalles, puede que la persona acabe desvariando menos.

> Oponente: De acuerdo, quizá no todos los inmigrantes. Quizá ni siquiera la mayoría.

Los tropos y los pronombres engañan más a las personas que a los gatos. ¿Sabes lo que engaña a ambas especies? Las falacias.

El bufido equivocado

Una falacia es un argumento que juega con la lógica.

Se comete una falacia cuando un gato hace una suposición poco razonable sobre otro gato. Por ejemplo, una gata siente aversión con frecuencia hacia otras gatas. Es una cuestión territorial. Pero una gata no solo se sentirá molesta con otras gatas; bufará y golpeará asimismo a las mujeres.

Los humanos hacen exactamente lo mismo. Ven a un personaje de piel oscura cometer un crimen en una serie de televisión, y eso les hace sentir miedo de todos los hombres reales de piel oscura. Un niño pequeño coge una rabieta en un restaurante y los testigos piensan: *Los niños de hoy...*

La falacia es la misma en los gatos y en los humanos. Se denomina **generalización precipitada** y consiste en hacer suposiciones basadas únicamente en un par de ejemplos o características.

¿Por qué precipitada? Porque algunas generalizaciones cuidadosamente consideradas a menudo resultan ser ciertas, al menos la mayoría de las veces. Por ejemplo, a los hombres se les da muy mal quedarse embarazados. Esta generalización parece ser cierta todo el tiempo. Hace más frío en invierno que en verano: cierta la mayoría de las veces. Las mujeres tienen la voz más aguda que los hombres: cierta en la mayoría de los casos.

Cualquier cosa medida con estadísticas es una generalización. Si a cuatro de cada cinco odontólogos les gusta una determinada marca de dentífrico, es razonable pensar que a los dentistas suele gustarles ese dentífrico. Pero la parte delicada —y a veces mala— de la generalización precipitada viene cuando nos referimos a un individuo. Estadísticamente, las mujeres tienen brazos más débiles que los hombres. Pero eso no quiere decir que tengas garantizada la victoria en un concurso de pulsos con todas las mujeres. A los chicos suelen gustarles los camiones más que a las chicas. ¿Quiere eso decir que una chica a la que le gusten los camiones no es realmente una chica? Ni siquiera un gato cometería ese error. Un gato estaría totalmente convencido de que una chica con un camión sigue siendo una chica.

Por otra parte, si das de comer a un gato a las cuatro de la madrugada, el gato supondrá probablemente que el desayuno debería ser siempre a las cuatro de la madrugada. A los gatos se les dan especialmente bien las falacias que les gustan.

Las coincidencias no son magia

Otra falacia divertida a la par que peligrosa es la idea de que, cuando dos cosas suceden al mismo tiempo, eso significa que una es *causa* de la otra. Un gato concreto (su nombre se ha omitido a petición del interesado) piensa que si se sienta en un estante concreto conseguirá adelantar la hora de la cena. Ello se debe a que coincidió que había saltado a ese estante en cierta ocasión justo cuando su humano se estaba preparando para una cita y le sirvió la cena temprano. ¡Vaya!, pensó el gato. *Salto al estante y me dan de cenar. Por tanto, saltar al estante hace que me den de cenar.* Así que fue acumulando decepciones durante semanas hasta que finalmente renunció a la idea. (Continuó saltando al estante una hora antes de la cena, solo que ahora se trataba de un mero hábito.)

Muchas supersticiones humanas parten de esta misma falacia. Un jugador de béisbol lleva una incómoda ropa interior cuando conecta un jonrón con las bases llenas. A partir de entonces, esos mismos calzoncillos apretados y agujereados pasan a formar parte de su uniforme. Esta falacia tiene un nombre rebuscado: es una **falacia post hoc**, del latín *«post hoc ergo propter hoc»*, que significa «después de esto, luego por causa de esto». Las personas y los gatos cometen esta falacia cuando piensan que una correlación —una cosa que ocurre acompañada de otra— es una causa. Algunos padres se resisten a ponerles a sus hijos de dos años vacunas que salvan vidas porque a algunos niños les diagnosticaron autismo poco después de ser vacunados. El autismo puede detectarse aproximadamente a la misma edad en la que se pone a los niños las vacunas de los dos años. Esto lleva a unos cuantos padres a pensar que las vacunas causan autismo, a pesar de que la ciencia ha demostrado con claridad que no es el caso.

Tendemos a cometer la falacia *post hoc* de maneras sutiles. Un estudiante pasa toda la noche de fiesta y aprueba un examen. Conclusión: ¡ir de fiesta fortalece sus facultades mentales! No importa que prestara suma atención en clase ni que ya lo hubiera preparado a fondo.

O te marchas de vacaciones y llueve toda la semana. «Lo siento —le dices al director del hotel—, he traído la lluvia». Aunque estabas bromeando ligeramente, estabas cometiendo una fácil falacia. Ahora bien, si es cierto que hiciste que lloviera, deberías cambiar de carrera. Los agricultores te pagarían bien.

Cierra los ojos para hacer que desaparezca

Si alguna vez has visto esconderse a un gato metiendo la cabeza en una caja con el trasero asomando, has sido testigo de una falacia que los médicos cometen con frecuencia. Reza así: «Si no puedo verlo, no existe». El gato ignora aquello que no le gusta, con la saludable actitud de que fingir que no existe hará más probable que no exista.

Cuando un médico hace eso mismo, no resulta tan saludable. Te dice que las prueban han sido negativas, luego no te pasa nada. Sin embargo, tú sigues sintiéndote fatal. Sí que te pasa algo. El médico comete la **falacia de la ignorancia**: la creencia de que no saber algo demuestra que no existe.

Siempre es bueno ser escéptico con respecto a aquello que la ciencia no haya demostrado. Pero, como reza una célebre expresión, la ausencia de prueba no es prueba de ausencia. La ciencia no ha descubierto todavía vida inteligente en otros planetas. ¿Significa eso que no existan extraterrestres inteligentes y posiblemente peludos?

Para todos los gatos hay una primera vez

Uno de los muchos sentidos en los que lo gatos son más listos que los humanos estriba en la sabia actitud de los gatos hacia los antecedentes. Un gato recelará siempre un poco de un perro desconocido, aun cuando dicho gato solo haya conocido perros amigables a lo largo de su vida. Observa ahora a los humanos durante las horas punta. Las personas que recorren a diario la misma ruta tienden a conducir como lunáticas. ¿Por qué? ¡Llevan años conduciendo como lunáticos por la misma ruta sin un solo accidente! Por consiguiente, jamás les ocurrirá nada malo, ¿verdad? Esta falacia, denominada **falacia del antecedente**, asume que lo que ha ocurrido antes determina lo que ocurrirá después.

Antes de la Guerra de Secesion (American Civil War), muchos americanos creían que los Estados jamás lucharían unos contra otros. ¿Por qué? Porque jamás lo habían hecho. Una trágica falacia del antecedente.

Fíjate ahora en el gato medio que se precie. Te ve pasar con un plato de comida, día tras día, sin dejársela probar siquiera. ¿Quiere eso decir que nunca le darás a probar ni un bocado? ¡No! Esa falacia es ridícula y se resistirá a ella observándote significativamente cada vez que pases. Intentará diferentes métodos para convencerte de que pares y le dejes solo probar, o quizás un bocado o, si eres un amigo de verdad, toda la carne de ese plato. (Tú puedes quedarte con las verduras.)

El gato sabe que siempre hay una primera vez. Y antes de toda primera vez, hubo un largo período de tiempo durante el cual todavía no había sucedido.

Las personas que conducen de regreso a casa tras el trabajo un viernes por la tarde deberían pensar como los sabios gatos. Se salvarían muchas vidas.

La falacia de morderse la cola

¿Te has topado alguna vez con la palabra **tautología**? Es una clase de mala lógica en la que la demostración y la conclusión son una misma cosa.

A pesar de su cerebro y de su buena retórica, algunos gatos se vuelven tautológicos de vez en cuando.

Gato: ¡Quiero comer! [*Dice con un maullido agudo y lastimero.*]

Tú: ¿Por qué? Faltan dos horas para la cena.

Gato: Porque tengo hambre. [*Dice con un maullido agudo y lastimero.*]

Quiero comer porque tengo hambre. La conclusión (Quiero comer) es idéntica a la demostración (Tengo hambre).

Otra tautología gatuna común tiene que ver con la diversión.

Gato: ¡Quiero la tira de espumillón! [*Dice mirando significativamente hacia el armario donde se guarda la tira.*]

Tú: ¿De veras? Hemos estado jugando con ella hace tan solo una hora y tengo cosas que hacer. ¿Para qué demonios quieres ahora el espumillón?

Gato: ¡Quiero jugar! [*Dice con un maullido ronco y una mirada significativa hacia el armario.*]

No todas las tautologías son tan evidentes. Algunas de las humanas, especialmente las inventadas por los anunciantes y los políticos, pueden ser difíciles de detectar.

¡La dieta a base de magdalenas te permite perder peso quitándote unos kilos no deseados!

Claro, podrías perder unos kilos *deseados* cortándote una pierna. O, lo que resulta más razonable, podrías perder masa muscular. Pero «kilos no deseados» significa simplemente

112

grasa. Y cuando la mayoría de la gente piensa en perder peso, se imagina perder grasa. Por tanto, la dieta a base de magdalenas te permite perder grasa quitándote grasa. Eso es una tautología. A un gato se le antojaría ridículo. A menos que la magdalena estuviera hecha de atún.

Si tiene garras, es una falacia

Veamos ahora un tipo de falacia muy diferente. Tiene que ver con morder. Cuando un gato trata de convencerte mordiéndote el brazo o arañándote la pierna, en realidad está cometiendo una falacia bautizada por el propio Aristóteles. Si lo piensas, es muy impresionante. Aristóteles denominó esta clase de falacia **argumento que apela al bastón**. Presumiblemente no estaba pensando en los gatos en ese momento. De lo contrario, podría haberla llamado «argumento que apela a la garra».

¿Por qué se trata de una falacia? Un argumento legítimo trata de convencer a alguien de que tome una decisión voluntaria.

Por consiguiente, el argumento que apela al bastón no es un argumento sino una pelea. Como has visto, el argumento exitoso logra que la audiencia desee hacer algo. La violencia o la amenaza logran que la gente haga las cosas a regañadientes, bajo coacción.

Por cierto: observa que hemos mencionado la «amenaza» así como la violencia efectiva. Ambas suponen la misma falacia, el argumento que apela al bastón, porque una amenaza puede forzar a la gente a hacer cosas que no quiera hacer, al igual que sucede con la violencia efectiva. En otras palabras, el gato que bufa comete la misma falacia que el gato que muerde, solo que de un modo menos doloroso.

Morder es el último recurso.

En retórica, la violencia es la única falacia real.
Sin duda, un pellizco en el tobillo puede captar
tu atención. Pero un mordisco arruina la
conversación.

8.

Habla con tu cuerpo:
la intriga de los ojos

Convence con la postura y el gesto

«El problema de los gatos es que su expresión
es idéntica si ven una polilla o un asesino
con un hacha.»

PAULA POUNDSTONE

Los gatos entienden que las palabras están sobrevaloradas.
El lenguaje corporal del gato puede convencer realmente.
Otro tanto sucede con nosotros los humanos, incluso
cuando se trata de convencernos a nosotros mismos. Por
ejemplo, una buena postura puede simular confianza incluso cuando estamos aterrorizados hablando ante un público desconocido. Simular confianza puede ayudarte a
sentirte seguro.

Luego están los gestos: la barbilla levantada, los
hombros encogidos, el dedo obsceno. Piensa en todas las
formas en las que puedes comunicarte sin decir ni una
palabra.

No es que nosotros podamos ser siempre tan silenciosamente elocuentes como los gatos. Trágicamente, la ma-

yoría de los humanos carecemos de cola. Y ninguno de nosotros dominará jamás el arte del Maullido Silencioso.

No obstante, si combinamos el lenguaje corporal con las palabras, podemos mejorar nuestras destrezas para discutir. Incluso con un gato.

Comencemos con la postura.

Primero, mete la cola

Los gatos saben que, si eres capaz de mantener una posición erguida y digna, apenas necesitarás ejercitarte. El truco consiste en estar de pie y sentarte erguido sin esfuerzo aparente, algo que los gatos hacen con naturalidad. Pero los gatos tienen la ventaja de contar con cuatro extremidades del mismo tamaño. Nuestra dotación de brazos y piernas nos hace más difícil adoptar una buena postura, por lo que necesitamos esforzarnos para lograrlo.

Para adoptar la posición erguida de un líder, deberías pensar en tres puntos clave: caderas, hombros y cabeza.

1. Mete las caderas con el fin de que no sobresalga tu cola, es decir, tu parte trasera.
2. Echa los hombros hacia atrás y deja que se relajen con la gravedad bajando hacia tus caderas. Una forma de conseguirlo: antes de entrar en una sala, coloca tus manos detrás de la cabeza, tocando apenas la nuca. Echa hacia atrás los codos todo lo que puedas. Mantén esta posición «de rendición» durante cinco segundos, relájate y hazlo de nuevo.

3. Equilibra la cabeza entre los hombros; deberías ser capaz de relajar el cuello por completo sin que tu cabeza ande vagando.

Al sentarte, las cosas funcionan de la misma manera. Solo que cuesta más sentarse erguido que permanecer erguido de pie. Si estás solo en un sillón reclinable, leyendo o viendo la televisión, tira la postura por la ventana. Siéntate como te dé la gana: este es un libro sobre persuasión, no sobre entrenamiento físico.

Pero suponte que estás en una entrevista de trabajo o apareces como invitado en el programa televisivo de entrevistas de Jimmy Fallon. La clave para sentarte en una postura estupenda es la cabeza. Imagina que tu cabeza es un globo que se eleva directamente hacia el techo. Ahora deja que tire de tu columna vertebral en la misma dirección. Mantén la columna separada del respaldo de la silla; es una postura agotadora. Para evitar parecer rígido en esta posición, relaja los hombros hacia abajo; no hacia adelante sino hacia abajo. Bien. Ahora estás sentado como un gato.

¿Para qué tomarte tantas molestias?

Una buena postura te hace casi tan respetable como un gato.

Transmitirás confianza. Incluso puede que te pregunten si has estado haciendo ejercicio. Con una buena postura puede parecer que pesas de cinco a diez kilos menos. Siéntate de manera adecuada mientras tomas el postre.

¿Qué tiene que ver eso con la persuasión? Pues mucho. La postura es el equivalente de la gramática básica en el lenguaje corporal. Hace que parezcas bien estructurado. Que sabes de dónde vienes. Con una buena postura, como con una buena gramática, puedes relacionarte con los mejores.

Además de mejorar tu imagen, la postura puede hacerte parecer una persona que sabe escuchar. Tienes más probabilidades de convencer si la gente cree que escuchas sus opiniones. He aquí una forma estupenda de aparentar que escuchas incluso más de lo que lo haces en realidad. (Escuchar compensa. Pero compensa más aún *mostrar* que estás escuchando.) Empieza con la cabeza. Cuando alguien esté hablando, experimenta con dos maneras de mantener la cabeza.

En primer lugar, mira directamente a los ojos del hablante. Asiente frecuentemente con pequeñas inclinaciones de cabeza, no grandes. (Las inclinaciones grandes y teatrales sugieren que ya sabes todo lo que la persona está diciendo. Eso resulta odioso.)

Ahora intenta mirar hacia abajo a los pies del hablante, asintiendo todavía levemente con la cabeza. Parecerá que escuchas atentamente. El primer método es bueno si el hablante está contando una historia o un chiste. El segundo es preferible cuando el hablante está enfadado o disgustado; al mirar hacia abajo parecerás menos amenazador.

Es importante que te esfuerces en mostrar que estás escuchando. Los gatos lo hacen girando las orejas. Esta técnica de escucha es mucho mejor. Pero la mayoría de los humanos parecemos ridículos cuando giramos las orejas.

Cuando seas tú el que habla, has de hacer algo más que mantenerte erguido. Al mismo tiempo, trata de mantener quieto el torso. He aquí un truco para cuando te dirijas a un grupo. Figúrate que te atas a la cintura con una correa una bola de hierro de diez kilos. Imagínatela colgando entre tus piernas. Ahora piensa en impedir que la bola se balancee. Para ello, evita desplazar tu peso de una pierna a otra. Y mantén quietos los pies. Esta sólida posición hará que tus ideas también parezcan sólidas. Pura confianza.

Este truco del peso imaginario funciona incluso si tu público se reduce a una sola persona e incluso si estás sentado. Piensa en mantener equilibrado tu centro. Esto te ayudará a evitar moverte o retorcerte nerviosamente. Tu madre siempre te decía que no te agitaras ni te retorcieras. Y tenía toda la razón. Eso distrae al oyente.

Puedes inspirarte observando a un gato durante un par de horas, especialmente a un gato que esté mirando por la ventana a nada en particular. Puede que mueva una oreja de vez en cuando, solo para mostrar que está escuchando. Por lo demás, una quietud imperturbable, cual si de un monje se tratase.

Ahora utiliza tus garras

Una vez que ejerces el dominio sobre tu cuerpo, es hora de pensar en tus gestos. Dado que carecemos de cola, hemos de hacer la mayoría de nuestros gestos con los brazos y las manos. En realidad esto nos confiere una ventaja sobre los gatos cuando nos grabamos en vídeo. Es difícil ver la cola de un gato cuando está hablando. (Por supuesto, los vídeos de gatos siempre serán más populares, en parte debido a que ellos hablan menos que nosotros.)

Puedes expresar muchas cosas con solo cruzar los brazos. Evita introducir las manos en las axilas. Eso denota una actitud defensiva. Te hace parecer culpable o débil. En lugar de ello, agárrate por fuera los brazos (los bíceps y los tríceps). Es una muestra de fortaleza y dignidad.

En general, los brazos cruzados comunican escepticismo. Te hacen parecer un hueso duro de roer. Cruza los brazos si alguien está intentando convencerte de que hagas algo que no quieres hacer. Pero evita esta postura si eres tú quien está tratando de persuadir a otros.

Los gatos no se cruzan de brazos para mostrar dignidad o escepticismo. En vez de eso, enroscan la cola con elegancia. Verás con frecuencia este gesto cuando estés tratando de conseguir que un gato haga algo que él decide no hacer.

Para los humanos, el gesto contrario al cruce de brazos son las manos abiertas. Emplea este gesto al dar una charla. Mantente en pie con los brazos abiertos como si estuvieras preparado para abrazar a alguien, con las palmas hacia el público. Estarás diciendo: «Confío en ustedes y no tengo nada que ocultar». Utiliza el gesto de las manos abiertas al final de una charla persuasiva, cuando estás preparado para dejar que el público tome su decisión. En una discusión cara a cara, este gesto indica: «No quiero pelear; busquemos una solución». Es estupendo para enfrentarse a una persona enojada. O, al menos, a una persona enojada que no te va a dar un puñetazo mientras extiendes los brazos.

La versión gatuna del gesto de las manos abiertas es la cola tiesa. Cuando la cola sobresale por detrás del gato, denota confianza a la par que inocencia. «Nadie va a pisarme

—dice la cola—. Me siento totalmente segura alrededor de estos humanos de pies grandes». Al mismo tiempo, el gato está diciendo: «Tengo la conciencia limpia. Llevo al menos diez minutos sin tirar nada de una estantería».

Otros gestos con las manos de los que no somos gatos:

El movimiento de los puños indica poder y agresión.

Las manos crispadas pueden indicar humor, ira o humor airado.

Las manos que dan vueltas indican una especie de progreso.

Mover las dos manos a la vez de un lado a otro es una buena forma de sugerir las ideas que pueden considerarse «por una parte... y por otra parte».

En la mayoría de los casos, es preferible que las manos se encarguen de la mayor parte de los gestos. Deja quieto el resto del cuerpo. Eso es lo que hacen los gatos. En lugar de mover las manos, ellos utilizan el movimiento de la cola. Un gato que mueve solo la punta de la cola puede estar preparado para pelear, o bien jugando o bien de verdad. Un gato que se está preparando para saltar, o al menos considerando la posibilidad del salto, meneará la cola de lado a lado.

Algunos gatos mueven la cola de placer, como los perros. Es importante conocer la diferencia entre estos gestos, con el fin de saber cuándo están a punto de saltarte encima, morderte o jugar contigo. La observación de las manos de un humano puede revelarte la misma información.

Por lo que atañe a los gestos, los humanos y los gatos no son tan diferentes en realidad.

Finalmente, tus bonitos ojos

Los gatos saben que las expresiones faciales más persuasivas parten de los ojos. En realidad, los gatos empiezan y acaban sus expresiones con los ojos. Entienden lo que decía el gran orador romano Marco Tulio Cicerón: «Los ojos son la ventana del alma».

Para conseguir que las personas y los gatos te aprecien y confíen en ti, asegúrate de mostrar la clase apropiada de alma: que escuchas y empatizas, tomas buenas decisiones y, en general, eres una buena persona. Esa es mucha responsabilidad para los ojos. Pero estos saben estar a la altura.

Piensa en términos de *ojos que escuchan* y *ojos que hablan*. Los ojos que escuchan prestan atención y piensan profundamente en lo que el hablante está diciendo. Para mostrar que estás prestando suma atención en una conversación cara a cara, prueba este truco. Mira el globo ocular —solo un globo ocular— del hablante durante un par de segundos y luego desplaza tu mirada al otro globo ocular. Continúa saltando del uno al otro. De esta manera mostrarás una atención profunda, casi como si estuvieras penetrando en la cabeza de la otra persona, evitando una mirada escalofriante. Pruébalo. Verás que funciona.

Los ojos que hablan inducen en el rostro cualquier emoción que estés tratando de expresar. Si estás diciendo algo gracioso, intenta sonreír solo con los ojos. Concentra toda la energía de tu rostro en tus ojos. Tus oyentes los verán «brillar» o «centellear»; ese efecto proviene de las contracciones de los músculos diminutos que rodean tus cuencas, así como del ensanchamiento de tus pupilas.

Ahora trata de expresar tristeza con los ojos. Deja que tus cejas y el resto de tu cara cumplan su cometido, pero no prestes atención a nada más que a tus ojos. Deja que hagan de guías.

Mírate en un espejo, mostrando con los ojos el humor y la tristeza. Experimenta con otras emociones: entusiasmo, temor, ilusión, valentía, amor, ira. Vuelve a canalizar toda tu energía hacia los ojos. Con la práctica, puedes llegar a expresarte tan bien como un gato.

La otra herramienta persuasiva del rostro es, por supuesto, la boca. Pero este es un instrumento muy avanzado y extremadamente sofisticado. Sí, puedes hacerla sonreír o mostrar desaprobación, puedes fruncir los labios o hacer que formen una gran «O» de sorpresa. Pero solo un gato puede alcanzar el culmen de la persuasión con la boca: el Maullido Silencioso o MS.

Ni siquiera los actores más talentosos de Hollywood —nos referimos a actores humanos— pueden competir con el MS de un gato. Este combina la ternura y el congraciamiento con una variedad felina especial de hipnotismo. Puedes aprender mucho estudiando este método, pero no esperes hacerlo eficazmente por ti mismo. Parece engañosamente fácil. Mientras estás sentado con elegancia en el suelo, mira significativamente a la cara de tu víctima. Abre ahora la boca todo lo que puedas —más abierta— y vuelve a clavar tu mirada. Repítelo hasta que tu víctima acceda a tus deseos (que suelen implicar comida o juego, aunque tal vez tengas otras necesidades).

Venga, pruébalo. En efecto, no conseguirás nada más que hacer reír a la persona. Con todo, el experimento merece la pena, aunque solo sea para aprender una lección valiosa: jamás nos acercaremos a la capacidad persuasiva de los gatos.

SABIDURÍA GATUNA

Un maullido silencioso supera uno ruidoso.

El silencio elocuente y una expresión lastimosa
pueden persuadir más que un grito.

9.

Haz que presten atención: el cebo y la rampa

*Practica con las grandes herramientas
de la persuasión*

«Jamás trates de superar la terquedad de un gato.»

ROBERT A. HEINLEIN

Ahora que has aprendido los principios básicos de la retórica, es el momento de conseguir que una persona o un gato obedezcan tus órdenes. Así pues, ¿cómo logras poder sobre un gato?

He aquí el secreto: *haz que el gato piense que tiene el poder.*

Esta técnica funciona también con los humanos. Si tu hija es reacia a vestirse, déjale elegir la ropa. Eso le hará sentirse poderosa.

Incorrecto: ¿Te vistes, por favor?
Correcto: ¿Qué quieres llevar hoy, la camisa roja o la
azul?

Ofrecer una elección es una manera estupenda de hacer que tu audiencia se sienta poderosa. Suponte que tienes un gato al que solo le gusta la comida húmeda. Preséntale dos sabores diferentes de comida seca y déjale elegir. No solo aumentan los dos sabores la probabilidad de que le guste uno de ellos, sino que además el acto de elegir hace que se sienta responsable de la situación.

Otra forma de lograr que un gato o una persona se sientan poderosos es convertirlos en los héroes de su propia historia. El gato que siente aversión hacia la comida crujiente puede que se la coma si viene dentro de una pelota con un agujerito. Al hacer rodar la pelota, irán cayendo sus aperitivos, que se convertirán al instante en sus presas. Esconder la comida por la casa también puede aumentar la autoestima de un gato remilgado. Todos los gatos saben que la comida es mucho más sabrosa cuando la matas tú mismo. A los humanos les ocurre lo mismo con los videojuegos y con los objetivos en la vida. Perseguir un zombi o una meta hace que el premio resulte mucho más apetecible.

He aquí una diferencia entre los gatos y las personas: los humanos pueden convencerse a sí mismos. Los gatos no necesitan hacer tal cosa. No necesitan objetivos, pues ya los han cumplido en una vida pasada. Y el mayor objetivo que un alma puede conseguir es ganarse el derecho a convertirse en un gato en su próxima vida.

Escoge un deseo

Conseguir que un gato haga algo que tú quieres que haga ofrece la misma satisfacción y probabilidad de éxito que, en fin, llevar gatos en manada. Pero el filósofo Aristóteles, que escribió el libro más importante sobre persuasión de todos los tiempos, demuestra que es posible hacer que los gatos y los humanos pasen a la acción. Necesitas dos herramientas básicas:

1. Un cebo.
2. Una rampa.

El cebo tiene que ver con el deseo. Sin deseo, es difícil lograr que cualquier especie haga algo que normalmente no quiere hacer. Para despertar el deseo necesitas crear un cebo. Para un gato, un trozo de pollo podría constituir un cebo apropiado. Para un humano varón adulto, una mujer atractiva será probablemente un cebo excelente. O un trozo de pollo frito.

Ahora viene lo interesante: con solo oler un trozo de pollo frito o ver una mujer hermosa, el hombre se volverá más propenso a comprar un coche. Muchas investigaciones lo demuestran. Para lograr que una persona o un gato hagan algo, no necesitas provocar el deseo de esa acción. Solo necesitas provocar el deseo, y punto. Los agentes inmobiliarios sugieren a menudo que hornees pan o calientes canela en el horno antes de que lleguen los posibles compradores. El objetivo es crear una atmósfera más hogareña. Pero la retórica y la neurociencia dicen otra cosa: el olor puede hacer que la gente sienta hambre y, cuando tiene hambre, es más probable que compre cosas. Por eso, si quieres ahorrar dinero, deberías comer antes de hacer la compra, incluso si compras por Internet.

Puedes incrementar tus posibilidades de convencer a alguien simplemente implantando una imagen agradable en la cabeza de un humano. Supón que quieres que tu reticente pareja te acompañe en un crucero. Recuerda distraídamente un hermoso día soleado o una película que ambos disfrutasteis. Si estás hablando antes de comer, menciona una cena memorable que compartisteis en cierta ocasión. El pensamiento agradable no tiene por qué guardar ninguna relación con los cruceros. Estás alterando las sustancias químicas en el cerebro de la persona, volviéndola más proclive a decir que sí. Considera que este truco es un pollo retórico.

Mira a través de los ojos de un gato

La gente comete constantemente el error de discutir desde su propio punto de vista.

Padre: ¿Por qué debería prestarte el coche?
Hijo: Porque no quiero coger el autobús.

¿Qué gana el padre? Nada.
Las personas que tienen gatos cometen este mismo error retórico cuando discuten con un gato para que acuda.

Jay: ¡*Killick*, ven!
Killick: [*Utilizando el lenguaje corporal o posiblemente una palabra*]: ¿Por qué?
Jay: Tienes que ir al veterinario.

Ir al veterinario no es una Cosa Buena. Puede ser necesario e incluso a la larga puede ser bueno para el gato, pero la visita en sí es una Cosa Mala. Eso lo saben todos los gatos. Estas son las Cosas Buenas que harán que acuda un gato:

La comida.
El juego.
Un juguete.
Un regazo.

Cuando llames a un gato, has de dejar claro que el resultado será una Cosa Buena. Asegúrate de concretar de qué Cosa Buena se trata. El gato empleará una vocalización diferente para pedir comida de la que usará para instarte a jugar. Deberías ofrecerle la misma cortesía. Incluso en los negocios, nadie convoca a otros a una reunión sin mencionar lo que se va a tratar. Cuando esté implicado un gato, el propósito de la reunión debería ser una Cosa Buena.

Está bien que tengas un plan adicional, como limpiarle las orejas a tu gato. Simplemente asegúrate de ofrecerle antes comida, juego, juguetes o tu regazo. Y quizá también después. Recuerda que no ofrecerle la cosa buena equivale a mentirle. Esto puede parecer exagerado y exclusivo de los gatos, pero no lo es. Una Cosa Buena es una especie de trato, y un trato es una promesa, y una promesa incumplida supone una falta de honestidad.

Además, ¿acaso existe en la vida algo más importante que las Cosas Buenas?

Así pues, de acuerdo, le ofreces un trozo de pollo. ¿Y ahora qué? Imagínate que quieres que tu gato entre volun-

135

tariamente en la caja transportadora que utilizas para las visitas al veterinario. Él sabe que la única finalidad de la caja es transportarlo a un lugar lleno de perros apestosos y ladradores, donde unos perfectos desconocidos le tocan y le clavan cosas afiladas. Lo último que haría cualquier gato sensato es meterse en esa caja horrible. Hasta el más pequeño de los gatos es capaz de estirar las patas para que sean más largas que la abertura. Todos los gatos, incluidos los rollizos, pueden desafiar la física y volverse bidimensionales, convirtiendo su cuerpo en una superficie plana e infinita. Necesitarías al menos cinco manos, una para cada pata y otra para el cuerpo, para hacer papiroflexia con el gato hasta conseguir introducirlo en la caja.

O bien puedes hallar el modo de que el gato entre en la caja. Voluntariamente. Por iniciativa propia.

Convierte un salto en una rampa

Para la mayoría de los gatos, introducir un trozo de pollo en la caja no es un cebo suficiente. Pero si colocas una serie de trozos en el suelo y metes el último y más jugoso en la caja, tendrás una oportunidad. Cada trozo servirá de aperitivo al siguiente.

La versión humana de esta técnica consiste en ir dando pasos pequeños hacia tu meta. Supón que estás buscando trabajo. Encuentras una empresa con un puesto adecuado, envías tu currículum y, como era de esperar, no pasa nada. Enviar tu currículum es como meter un trozo de pollo en la caja transportadora. El currículum puede despertar el deseo del empresario. ¡Después de todo, eres el candidato perfecto! Pero tu currículum está enterrado en una pila de ellos.

Necesitas más trozos de pollo que guíen el camino hasta tu currículum. Aperitivos, si lo prefieres. Así pues, te aseguras de que el empresario te vea en LinkedIn y en Twitter. Participas en un taller dirigido por alguien de la empresa. Te haces visible a trozos, como el pollo. Y despiertas el deseo de manera gradual.

Pero el deseo no es suficiente. Después de todo, puede que el gato no se interese por el pollo. Puede que barra el camino justo hasta la caja transportadora y luego se siente y se limpie la cara. «Ya he terminado», dice su lenguaje corporal.

¿Qué es lo que ha fallado? El propio Aristóteles decía que para conseguir que alguien lleve a cabo una acción necesitas provocar el deseo. Animaba a cualquier orador a hablar con elocuencia sobre el resultado de la decisión que quiera que tome su audiencia, despertando el deseo de ese objetivo. La neurociencia moderna demuestra que despertar el deseo de casi cualquier cosa, inducir en alguien el hambre o la lujuria, puede provocar todo el deseo que necesites en una audiencia. Esto resulta beneficioso, ya que hablarle con elocuencia a un gato rara vez funciona. Solo los humanos somos lo bastante estúpidos como para caer en esa trampa. Pero incluso los gatos sucumbirán a un sentimiento de necesidad, que puede provocarse con tan solo abrir una lata de atún.

Ahora bien, puede que todavía no sea suficiente. ¿Cómo puedes meter al gato en la caja transportadora?

¿Cómo puedes lograr que un empresario distraído llegue a contratarte?

Necesitas una rampa.

Haz que parezca fácil

Aristóteles no hablaba de rampas. En lugar de ello, decía que, además de suscitar el deseo de un objetivo, necesitas otra cosa: *hacer que la acción parezca fácil.*

Ahora, ¿qué sucede si aquello que quieres es bastante difícil en realidad? Por ejemplo, tomarse la molestia de contratarte a ti en lugar de a todos los demás candidatos. O, más difícil todavía, lograr que tu gato entre en la temible caja transportadora.

Ocupémonos primero de la caja. Si eres capaz de conseguir que el gato entre voluntariamente en una caja transportadora, serás capaz de conseguir que un humano haga casi cualquier cosa. Y aquí es donde entra en juego la rampa. Prueba lo siguiente.

Coge una tabla de dos metros de casi cualquier anchura. Clava unas tiras transversalmente cada quince centímetros. Ahora coge la caja transportadora y colócala en una encimera. Disponla de tal forma que el resto de la encimera esté bloqueada. Apoya la tabla contra la encimera de modo que conduzca justo hasta la entrada de la caja. Puedes poner trozos de pollo en las tiras, pero quizá no sea preciso. A la mayoría de los gatos les cuesta resistirse a una rampa. Al igual que los humanos, quieren ascender en el mundo. Pon alguna sorpresa dentro de la caja, aunque solo sea como recompensa. Lo más probable es que el gato explore la rampa. Cada paso hacia arriba es una acción pequeñísima que hace que cada paso siguiente parezca más fácil. La propia caja es solo un paso más, no un gran compromiso. Más aún, la rampa —la serie de pequeños pasos ascendentes— transforma la caja de un lugar horrible en algo que parece inevitable, incluso deseable: la parte más alta de la rampa.

Trocéalo

¿Cómo funciona la técnica de la rampa con los humanos? Para conseguir que una persona haga algo difícil, divídelo en pasos sencillos y pequeños. Ofrece una recompensa o elogio a cada pasito.

Una forma estupenda de probar la técnica de la rampa consiste en emplearla contigo mismo. Supón que quieres ponerte en forma para el verano. La mera idea de hacer dieta y ejercicio te agota. En vez de ello, piensa en el primer paso más fácil posible. El principal problema que tiene la gente para hacer ejercicio es encontrar tiempo. Pásate dos semanas acostándote cada día cinco minutos antes y poniendo el despertador cinco minutos antes, hasta que te hayas instalado básicamente en otra zona horaria. No intentes siquiera hacer ejercicio durante este período. Limítate a crear el tiempo. Un pasito. Luego empieza a hacer diez minutos de ejercicio cada día laborable y aumenta progresivamente la duración durante dos meses hasta llegar al menos a media hora. Al final habrás adquirido un hábito de ejercicio de primera categoría.

¿Y qué ocurre con la comida? Lo mismo. En lugar de hacer dieta, empieza por anotar todo lo que comes. Limítate a escribirlo. No calcules las calorías y come lo habitual en las raciones habituales. Transcurrida una semana, empieza a contar las calorías. Una vez más, no varíes lo que comes y limítate a registrarlo. A la semana siguiente, cambia una cosa: los tamaños de las raciones en una comida, o sustituye un refresco por una taza de té. Cada semana sucesiva, cambia una cosa más.

Una vez que hayas dominado la rampa para la autopersuasión, puedes utilizarla para persuadir a otro. Imagínate que quieres vender una silla que tienes en casa. No le pidas a la gente que la compre. Pídele que se siente en ella.

Volvamos ahora a nuestra búsqueda de empleo: solicita a tus empleadores potenciales una «entrevista informativa» en lugar de un empleo. Dile a cada persona que quieres saber cómo llegó a tener tanto éxito en su profesión. Es el equivalente a colocar un trozo de pollo en una rampa. A la mayoría de las personas les encanta hablar de sus éxitos. Una vez que lo haga, pídele otros contactos y dile que te gustaría seguir en contacto con ella. Eso le llevará a subir un poco más por la rampa. Llegado el momento oportuno, utiliza a esa persona para que te ayude a que te contraten. Convierte tu nuevo contacto en tu rampa para gatos.

Aunque carecemos de registros históricos de si Aristóteles tenía gatos, ciertamente sabía cómo convencerlos. Despierta el deseo y luego coloca una rampa. Haz lo más tentadora posible la meta y convence luego a tu audiencia para que dé una pasito hacia dicho objetivo. Pruébalo primero con un gato y una caja transportadora. Después utiliza la técnica del cebo y la rampa para hacer que los humanos cumplan tus órdenes.

Si tienes éxito, podrás conquistar el mundo.

Huélelo primero.

Cuidado con los cebos que te llevan a hacer
cosas que no quieres hacer. Si algo parece sabroso,
echa un vistazo. Luego aléjate. Después vuelve
y huélelo. Luego cómetelo. Lamentarás menos
cosas. Y probablemente perderás peso.

10.

Sigue los pasos: la lista de control de la persuasión gatuna

*Asegúrate de haber puesto los puntos
sobre las íes retóricas*

«Los gatos saben obtener comida sin trabajo,
cobijo sin confinamiento y amor sin castigos.»

WALTER LIONEL GEORGE

Esta lista de control funciona tanto con los gatos como con los humanos. Repásala antes de cualquier intento de persuasión seria.

¿Cuál es tu objetivo?

Con excesiva frecuencia, cuando entramos en conflicto con un ser querido —mascota o persona—, tratamos de dominar al otro. O bien nos retiramos fuera del alcance de todas las garras. En vez de ello, pregúntate si esa relación es más importante que la discusión. O, si quieres algo (un gato en tu regazo, un coche nuevo), esfuérzate para conseguirlo. Puede ser preferible hacer que tu oponente sienta que ha ganado mientras tú acabas logrando aquello que deseas.

¿Es este un buen momento para convencer?

Un persuasor aprovecha cualquier oportunidad. El momento perfecto para conseguir que un gato acuda es cuando tiene hambre. El mejor momento para convencer a un hombre de *cualquier cosa* es cuando tiene hambre.

¿Cuál es el estado de ánimo de tu oponente?

Si este parece un mal momento, puedes hacer que sea bueno cambiando el estado de ánimo de tu audiencia (ver página 66). Haz que se sienta poderosa, cómoda y (si se trata de un humano) hazle sonreír.

¿Está prestando atención?

Una audiencia distraída es mucho más difícil de convencer. Cuando discutas con tu gato, has de entretenerlo.

¿Qué tiempo verbal estás utilizando?

Las personas enfadadas suelen emplear el tiempo pasado («¡Mira lo que has hecho!» o el presente («¡Gato malo!»). Si quieres lograr que tu audiencia cambie de opinión o haga algo, trata de pasar al tiempo futuro («Ven aquí y te daré un regalo»).

¿Quieres a tu audiencia o lo aparentas?

Si tu audiencia es un gato, debería ser fácil quererlo. A veces es más difícil con las personas. Pero si finges disfrutar con su compañía, puedes descubrirte disfrutando realmente con ellas. En cualquier caso, ellas te apreciarán más.

¿Te aprecia y confía en ti?

El *ethos* (ver página 74) es la herramienta más poderosa de la persuasión. Es la imagen que tu gato tiene de ti. ¿Te considera fiable? ¿Le ofreces el mejor de todos los regazos? Entonces será mucho más probable que acuda a tus llamadas. Y posiblemente menos probable que tire el bolígrafo de tu escritorio. A menos que piense que, como eres tan bueno, has puesto el bolígrafo ahí para él.

¿Tiene sentido tu argumentación para tu audiencia?

En la persuasión, los hechos y las estadísticas no son excesivamente importantes para un gato. Ni para la mayoría de la gente, por cierto. Céntrate en cambio en lo que tu audiencia cree y espera. Eso no significa mentir. Pero a tu audiencia no le importará si finges que un punto rojo de láser es un bicho espacial alienígena que hay que matar.

¿Es buena tu postura?

Ver el Capítulo 8. Como todos los gatos saben, una postura digna se gana el respeto.

¿Pareces seguro?

Parte de la buena postura es la buena actitud hacia ti mismo, aunque la estés fingiendo. Y la confianza fingida puede volverla real. No pienses en las veces que has fallado. Piensa en todos tus aciertos.

¿Has troceado la acción?

El capítulo 9 habla del cebo y la rampa. Pídele a tu audiencia que haga una cosita y luego otra, que acabarán desembocando en una gran acción. Se trata de subir la rampa. Cuando quieras acción, pide pedazos de acción. Y ofrece pedacitos de premio a cada paso del camino.

Un ratón muerto es un trofeo.

No esperes a los demás para celebrar tus logros.
Cuando mates algo, déjalo en la cama de alguien.

Epílogo: gatos de carácter

Y lo que nos han enseñado

«Qué mayor regalo que el amor de un gato.»

CHARLES DICKENS

Los gatos de nuestras vidas han sido siempre grandes amigos y dignos adversarios.

Sassy, negro azabache y decidido, era el macho alfa cuando Jay estaba creciendo. *Sassy* no soportaba a los tontos. Consideraba que Jay era uno de ellos. Este gato era el tipo dominante de discutidor que a menudo se abría paso mediante amenazas, con bufidos y golpes ocasionales. Sobre todo era resuelto. Saber lo que quieres es la primera regla de la persuasión.

Willow, una gatita abandonada, convenció al hermano pequeño de Jay para que la llevara a casa. Luego empleó sus destrezas con un padre reticente. Le ayudó el hecho de ser una gatita adorable, con su color gris claro perfecto, como un sauce.

Zelmo era un gato callejero de Washington D.C. Era lo que los franceses llaman un *flâneur*, un hombre de mundo. *Zelmo* asumía que todo el mundo lo quería y lograba que así fuera. Todos deberíamos parecernos más a *Zelmo*. Supón que te quieren y la mayoría de la gente te querrá.

Pocos días antes de Navidad, alguien metió a **Charlie** en una caja con su hermano, *Percy*. Dejaron la caja en una comisaría. *Charlie* adoptó a Amelie, la hija de once años de Natalie. Duerme en un estante de su habitación y conversa en voz alta con ella. Los buenos conversadores no abundan, especialmente entre los gatos. Amelie escribe sobre *Charlie*: «Un gato curioso y juguetón, hambriento de aventura (y de ratones), cariñoso, listo y lindo. Es también mi despertador. Me hace de guardaespaldas, sentándose al pie de mis escaleras. Estamos muy unidos y nos cuidamos mutuamente. En cuestión de comida actúa furtivamente; puedes ver cómo su garra se acerca poco a poco a tu plato y entonces ataca y falla».

Percy, el hermano de *Charlie*, adoptó a Ben, el hermano de nueve años de Amelie. Así lo describe Ben: «*Percy* es un gato cariñoso que siempre sigue a la persona a quien más quiere. Nunca deja de ronronear. Es fiel y es capaz de encontrar a su dueño dondequiera que esté. Es apestoso y tiene una minibarba en la barbilla. Le encantan los abrazos y las caricias, pero, si quieres abrazarlo, tienes que acercarte a él de la forma adecuada». Esto pasa también con los humanos. Por desgracia, *Percy* murió joven.

Después de *Percy* vino **Dottie**, la gata más agradable del mundo. Consciente de que el agrado es la actitud más persuasiva de todas, *Dottie* utiliza su amor a todo el mundo para conseguir todo lo que desea. Cuando *Charlie* se lame, ella se tumba justo debajo de su lengua para conseguir un baño gratis. Cada vez que *Charlie* se echa para sestear, ella lo utiliza de almohada. Y *Charlie* nunca se queja, porque *Dottie* es muy agradable. Incluso practica el decoro: con sus impecables modales en la mesa, se sienta silenciosamente hasta que la gente deja de prestarle atención. Entonces roba su comida.

Isabella llegó cuando la hija de Jay empezó a colgar calendarios de gatos. (Puedes conocer mejor a *Isabella* en un librito publicado por Jay en blurb.com, «Sniff It First, & 15 Other Things I Learned From My Cat» [«Huélelo primero, y otras quince cosas que he aprendido de mi gato»].) *Isabella* era territorial, se portaba mal y estaba bastante gorda. Pero sabía ser divertida. Con un buen sentido de la payasada llegarás lejos en este mundo.

Con sus orejas de murciélago y su grandeza de ánimo, **Aubrey** nació con muchos problemas físicos. Aunque no podía caminar correctamente, dominaba dulcemente a su hermano *Maturin*, que era mucho más grande. *Aubrey* vivió menos de dos años. Pero la mayor persuasión es tu forma de vivir la vida. *Aubrey* fue el mejor de todos los persuasores.

Killick se crió como un semental italiano. Aunque está castrado, sigue comportándose como un semental. El mundo existe para entretenerlo. Esta creencia lo convierte en un compañero divertido. Los grandes persuasores saben que, para persuadir, han de mantener la atención de su audiencia. Dale a *Killick* un clip o un cordón (especialmente el que estás intentando atarte) y lo convertirá en un circo.

Dorothy y **George** (los hijos de Jay) y **Amelie** y **Ben** (los hijos de Natalie) son técnicamente humanos. Pero los cuatro son encantadores y leales, y tan difíciles de convencer como los gatos. Los queremos.

SABIDURÍA GATUNA

Las pequeñas criaturas persuasivas gobiernan el mundo.

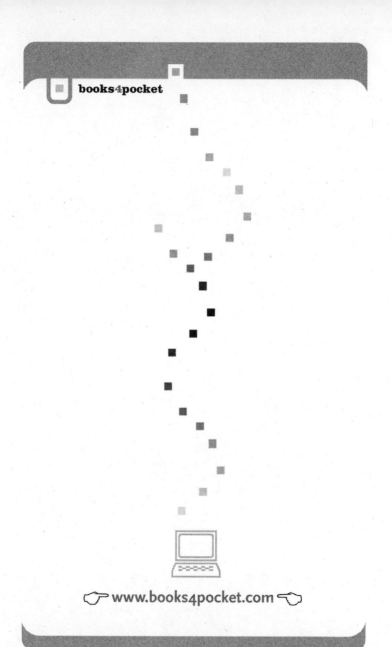

books4pocket

www.books4pocket.com